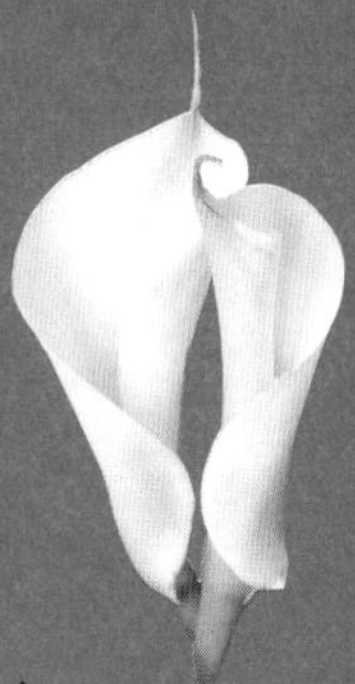

# 既婚メス力

夫を最強の味方にして
妻として溺愛され続けて
永遠の幸せが現実になる

神崎メリ

光文社

# はじめに

## 夫とうまくいかない。本当にたったこの一点だけで日常ベースがうっすら不幸。

こんにちは、恋愛コラムニストの神崎メリです。これまで著書を11冊出版し、世の恋愛に悩める女性たちに男性とうまくいくための秘訣『メス力《りょく》』をお伝えしてきました。おかげさまでたくさんの「メリさん、結婚決まりました！」のご報告が届いています。それと同時に「結婚したら夫とギクシャクするようになって……」という声も。恋愛中は女性がほんのりミステリアスにして追いかけられているだけで、幸せが続きます。でも結婚生活は恋愛とは別（皆さまよ〜くわかりますよね）、ミステリアス？生活してて無理に決まっています（笑）。そうこうしているうちに「こんなハズじゃなかった！　どうして最近喧嘩ばかりなんだろう……相手間違えちゃった？」と夫との関係に行き詰まってしまうのです。

私の最初の結婚は〝離婚〟という形で終わりました。

栄養バランスを考えた手料理、キチンと整えられた部屋。それまでの恋愛で男性に尽くしたことがなかった私ですが、過去の恋愛が結婚に結びつかなかった反省をいかして、いわゆる尽くす良妻を目指しました（これがまさかの地雷！　本書で説明します！）が、うまくいかない。どうやってもダメ、そして離婚。「私は夫婦関係ひとつ、うまくできなかった」と大きな無力感に打ちのめされました。

その後、再婚。子どもも産まれました。

まだ我が子が新生児だったある夜のこと。私はベッドで横になり、夫が子どもを抱っこし寝かしつけをしていました。寝室の薄明かりに照らされる、二人。

それはこれまでの人生で見てきたどの景色よりも美しく、尊く、ありがたく……。

心が揺さぶられて、深く感動しました。

母子家庭で育った私が、この素晴らしい日常を手にすることができたこと。夫に対し感謝の気持ちでいっぱいになったのです。**その瞬間から私の人生は、夫婦円満・家庭円満に過ごすことに照準がピタッと合いました。**

人間の基本は家庭環境。その基本をつくるのは夫婦の関係。亡くなる間際に側にいる人たちとの関係を大切にすることが生きることの本質。一度目の離婚を経て、男性心理や恋愛心理学を学ぶことに没頭していた私には、すでに夫婦円満に過ごすための形が見えていました。**貴女は今、どんな意識で結婚生活を送っていますか？**

## 夫婦関係が拗《こじ》れてしまう原因は大きく分けて二つ

・夫婦が〝家族〟としての信頼の絆で結ばれていない
・夫婦が〝男女〟としての愛情で結ばれていない

このどちらかが欠けると夫婦の間に冷たい空気が流れるようになって、じんわり敵対関係になってしまいます。すると「トイレットペーパーのメーカー勝手に変えるな！」「だったら自分で買い出しして！　こっちは仕事と子どもの送迎でバタバタしてんの！」など本当に些細なことがきっかけで大喧嘩が勃発するようになります。

家のこと、我が子のこと、お互いの家族との付き合いのこと。

いちいち揉めて精神的に疲弊する日々。お互いのミスを監視し合ってチクリとイヤミを放つ。無視をしてみたり、罵り合ってしまったり、感情が爆発して涙が止まらなくなったり……。大好きだったのに、悔しい！　もう素直になんかなれない！

こうなると当然、恋愛感情なんて消え失せてしまいます。

他愛もない会話も気軽にすることができなくなって、ますますお互いの気持ちが離れていく感覚がある。でもどこから関係修復したらいいのかわからなくて途方にくれる日々。貴女の気持ち、よくわかります。かつて私も通った道ですから……。

## 夫婦に恋愛感情は必要？　同志なだけじゃダメ？

夫婦に恋愛感情がなぜ必要か？　それは間違いなく潤滑油になるからです。

例えば何か決断すべきときに、あらゆるデータをかき集めて夫を説得するよりも、「私、これしたいな」「いいよ」「いいね、こっちもどう？」と会話がスムーズにいく関係が理想です。それには間違いなく**夫側に〝妻を愛おしいと思う気持ち〟があることが大前提！**　その気持ちがないと、いちいち理論武装をして夫と戦わなくてはいけなくなります（これが疲弊すんだわ）。でもこの気持ち（恋愛感情）を引き出すためには、まず家族としての信頼の絆で結ばれている必要があります。

男性ってね、信頼してくれない女性に対して、とてもシビアなんですよ。夫から『家庭内の敵』とみなされちゃうってことです。

どうしてこんなにシビアになるのか？　おそらく夫本人も気がついてはいませんが、本当は妻のことを家族のことを、幸せにしたくてたまらないのです。

それは男性にとって、結婚する理由、働く動機、生きる意味です。だから妻から信頼されていないと感じると、**深く失望し、結婚した意味も働く意味も生きる意味もよくわからなくなってしまいます。**「俺ってこの人に必要？」と疑心に飲み込まれた結果、冷たくなってしまうのですよね（信頼されないって「アンタにそんな器ないよ！」と言い放たれるくらいショッキング……）。**夫婦関係において、尊敬と愛は表裏一体です。尊敬なくして、夫の深い愛は引き出せないのです。**なので本書では夫婦関係を円満にするための「リスペクト（尊敬）」と「ラブ（愛）」を章に分けてお伝えしていきます。

## 夫婦関係を最強にする「リスペクト」と「ラブ」のメス力

**第1章『夫を味方につけるリスペクトのメス力』**

夫を信頼、尊敬し味方となって家族としての絆を強固にするメス力です。家庭内のことに無関心（丸投げ）な夫に頭を抱えてはいませんか？　男性は自分の味方でいてくれる女性には素晴らしく協力的になり、家庭内のことを当たり前にしてくれるようになります。すると家庭のさまざまなことを気軽に相談したり、味方として阿吽の呼吸で最強のタッグを組めるようになるのです〈ただホレタハレタしていればいいってものじゃないですからね、結婚〝生活〟って〉。

**第2章『夫の最愛の妻になるラブのメス力』**

はっきり言って夫が妻を愛おしく感じていると、夫婦関係の悩みのほとんどが消滅します。妻の望みが一番、妻を楽させたい！　が夫の行動ベースになるからです。でもそれも妻からのリスペクトなしだと、中途半端なものになります。「私のこと愛してはいるんだろうけど……ちょっと厳しくない？」という夫の正体はコレ。「俺のこともっと信頼してくれてもいいのに！」という気持ちがあると、愛が手厳しさという形で跳ね返ってきたりします（微妙に無関心なども）。それになんにせよ、夫婦間に「大好きだよね」って気持ちがあるとお互いに優しくなれます。「この人と結婚できてよかった！」と**日常ベースがじわっと幸せ**になります。それは多くの女性にとって、それまで生きてきた道が険しくとも救われる瞬間でもあるのです。でも結婚してから恋愛感情を保つコツがわからないという声もたくさん私の元に届いています。その秘訣をラブのメス力としてお伝えしていきますね。

**第3章『既婚メス力応用編　夫婦のあるあるお悩み解決』**
第3章では、義実家とのお付き合い、不倫、育児など夫婦のあるあるお悩みについて、メス力で解決していきます。

# 夫婦関係、どこから修復していいのかわからないのは当然のこと

女性ってワガママなもので、夫・父親としては完璧な〝同志〟だとしても心が満たされません。一人の女性として、夫から求められ、愛しくされ、大切に扱われないと……。最近私の元に届くのがこんな声です。

「結婚して子どもにも恵まれて家庭円満。でも夫とは男女の関係っていうよりも、家族……。贅沢な悩みだってわかっている。でも夫が他の女性と話をしているのを見たとき、顔をほころばせて嬉しそうにしていた。うわ、気持ち悪！　腹立たし！　でも思う。

昔は私もあんな瞳で見つめられていたなって。私という存在と過ごしているだけで嬉しそうにしてくれていたなって。

両手には買い出し後の重い荷物、持ってくれもしない夫。スイスイ歩いて行くよね～！　ていうか私が重い荷物を持っていることすら気がついてもいない。だってちゃんと私のこと見てないからね。ほんとにね、家族としては問題ないよ。でも、ちゃんと女性として扱ってほしい……。『大丈夫？　持つよ？』って気遣ってほしい。夫にとって自分がもうそういう対象じゃないことが、虚しい……。結婚生活なんてこんなもの？」

30代だろうが40代だろうが90代だろうが、夫くらいには宝物扱いされたくて何が悪いんでしょう？　愛されて「女性に生まれてよかった〜！」ってホクホクしたいじゃないですか。「大丈夫？」って気遣われて、矢面に立つべきときはビシッと守ってくれて。男女平等といわれる時代だけど、男同士みたいに扱われているとカラカラに心が渇いていくじゃないですか。それにあたたかい夫婦の姿を子どもには見せたいじゃないですか〈両親の夫婦関係が地獄絵図だった幼少期を回想……〉。

そして実は心の奥深くで夫も夫婦円満を望んでいます。妻を幸せにできているかな？　家族は幸せかな？　とうっすら不安なのです。幸せそうにしてくれて、笑って過ごしてくれて「貴方と結婚してよかったよ」「私、幸せ！」そういうシンプルなことを男性は求めています。

**愛され守られ大切にされて女性は満たされるし、愛し守り大切にすることで男性も**

**また満たされる。実はちゃんと噛み合うようになっているのです。**

でも私たちは女性心理や男性心理、夫婦関係のことなんて何ひとつ学んできていないので当然つまずく。そりゃたくさんの人間が叫びますよ「男（女）なんて最低！結婚は墓場だ！」……Xなんかでよく見る光景です。

でも縁があって本書を手に取ってくださった貴女なら大丈夫です。きっとまだ結婚生活を諦めていないし、心から夫を憎みきっていない。どこかで夫婦円満になれたらって、ささやかで美しい思いを胸に秘めているから。

夫婦円満になりたい、夫と愛し合いたい。その気持ちは素晴らしいことなんです。

後はその方法（メス力）を知って実行に移すだけ。

そして、夫婦円満のために貴女がすべきことは難しくありません。**妻を幸せにしたい夫の気持ちを『リスペクト』で引き出し、『ラブ』で愛の炎に空気を送り込むだけ。**

すると妻が頑張らなくても、なんやかんや夫が率先して助けてくれる！（しかも夫もそんな自分を誇らしげ！）そんな夢みたいな日常が訪れます。仕事も家事も育児も……。あらゆることを背負って一人で苦しんでいた日々から、「こんな人と結婚なんてしなきゃよかった！」とシャワーで涙を流した日から、爆睡している夫に背を向けて声をかみ殺して泣いた夜から、すべてが一変して、家庭が貴女のオアシスになるのです。

**こうなったら、夫婦って〝最強の他人〟です。**
**お互いを満たし合える、唯一無二の二人になれます。**

**だから私と約束してください。**

「夫だから〜で当然」「父親なんだから〜で当たり前」なんて婚姻関係にあぐらをかいた、**惰性の身内感覚**はこの本を読み終えたらやめましょう！

限りある人生、どこにも当然なんてないんです。

今世、夫と仲良く過ごして愛し合いたい。その気持ちを思い切り膨らませて、夫婦関係を仕切り直してみませんか？

そのためのメス力を全力でお届けします！

## 結婚前のメス力と結婚後のメス力の違い

神崎メリの本をはじめて手にされた方も、これまで独身の方に向けたメス力本を読んでくださっていた方へも、結婚前のメス力と結婚してからのメス力とでは、どこが違うのか？　一度しっかりと整理してお伝えしたいと思います。

### 結婚前のメス力
〈男に追い求められて、ど本命婚するためのメソッド〉

メス力とは「男の本能を理解して、決して媚びずに男女ともに幸せになるための力」のことです。**結婚前と結婚後の一番大きな違いは『彼女という存在と妻という存在への男性側の気持ち＝男性心理』です。**

独身時代、男性が求めているのは**『心からこの人だと結婚を迷いなく決断できる、追い求める価値のある彼女』**です。本書の中でも何度もお伝えしますが、男性にとって結婚って大きな決断です。他の女とまぐわう（？）チャンスを捨てて、時間、お金、そして人生をその人のために捧げる覚悟を持って「俺は！　結婚するぞ！」と判を押す。

私たち女性が思う以上に彼らは自由を惜しみます（だから入籍を渋るのよな）。だからこそ「君と結婚したい！　どうかお願いします！」と迷いなく思わせてくれる女性に巡り会えたら万々歳！

「俺は！　迷いなく押すぜ！」判ど〜んでございます（パンパカパ〜ン）。

そう思われる女性（ど本命）になるための独身時代のメス力なのです。

## 結婚後のメス力
### 〈男に寄り添い、生きる理由になるメソッド〉

さて、そんな決意をして結婚した男性が妻に求めるのは**『一番の理解者になって寄り添ってくれる妻』**です。追い求める恋愛からの卒業でございます（パンパカパ〜ン）。

（あくまで夫目線では）妻のために人生を捧げて働く覚悟なので、それを全力で応援してくれて、トラブルがあったときも「貴方なら大丈夫だよ」と信じてくれることを望みます。「俺は君のためにも生きるぜ！　だから君も生きる理由になってくれるんだろ？　病めるときも健やかなるときも……？」って感じで。

それに妻が応えないとあらゆる形で夫婦関係がうまくいかなくなります（その解決メス力は本書でお伝えします）。

**結婚前の男性心理は追いかけたい！**（だから追われる女になるメス力）

**結婚後の男性心理は寄り添ってほしい**（だから寄り添う妻になるメス力）

それを踏まえると、メス力にこんな違いが出てきます。

結婚前　LINEの即レスはしない！　ほんのりとしたミステリアスさで彼の妄想を膨らませ、追わせる（何しているんだろうな？　会いたいな♥）

結婚後　LINEは即レスOK！　いつでも繋がれる妻に安心し仕事に打ち込む（あの件、お願いしたし、あと3時間頑張るぞ！）

結婚前　女性側から「愛してる」「寂しい」等の言葉は危険！「結婚はまだいいか！

結婚後

俺にベタ惚れだし（テヘッ）」と安心されて結婚が遠のく

結婚前

女性側からも「愛してる」「寂しい」等の言葉を伝える。いつまでも男として求められる自分に充実感を得られる（俺との結婚、ATM目的じゃないのね♥）

結婚前

感謝の言葉や尊敬の言葉、彼を褒めることが大切。でも彼が貴女のことを雑に扱ってくるのなら「おクズ様かも？」と冷静になり別れや距離置きも考えること

結婚後

感謝の言葉や尊敬の言葉、彼を褒めることをもっと大切に！　仮に夫がそれらを素直に受け入れてくれない場合や雑に扱ってくる場合、「私が夫の心を踏みにじってる部分があるかも？」と立ち止まってしっかり考えること。「モラハラになったかも！」と決めつけて大騒ぎしない

結婚後

恋愛命より、自分の人生命であることが重要。恋愛命の女は男からすると重くてつまらない。追いかけ対象外にされる

結婚前

自分の人生は大切にすること。そしてまず夫婦関係が一番大切！「私はこうしたいけど、それによって夫との時間や関係がおざなりになるのでは？」と

立ち止まってバランスを取ること

結婚前 自己犠牲は一切必要がない！　それを求めてくる男はお見切り案件（モラハラ率高し！）

結婚後 自己犠牲は必要ない、けれど家庭が一番であること（家事育児に夫を巻き込んで家庭運営すべし！）

結婚前はおクズ様をふるいにかける期間です。
結婚後は覚悟を決めて入籍した夫とうまくいくために試行錯誤します。
**結婚前と違って、お互いの命が尽きるまでがその期間です**（もしくは途中解散）。
じっくりと腰を据えて既婚メス力に取りかかっていきましょう！

# Contents

# 1 夫を味方につけるリスペクトのメス力

## 2 夫の最愛の妻になるラブのメス力

## 3 既婚メス力応用編 夫婦のあるあるお悩み解決

ブックデザイン
宮本亜由美

著者エージェント
アップルシード・エージェンシー

カバー写真
ゲッティイメージズ提供

# 1

# 夫を味方につける
# リスペクトの
# メス力

## 夫が家庭に責任感を持つ！
# 家庭運営の同志になるリスペクトのメス力解説

夫に愛され、夫に家庭運営の唯一無二のパートナーになってもらうためには、私たち女性も変わらないといけません。それがこの〝リスペクト〟です。

私たち女性が夫から気にかけてもらい、愛《いつく》しんでほしいと願うのと同じように、男性は妻から尊敬され、尊重され、心から感謝されたいと願っています。それは夫にとっての味方になるということでもあります。男性にとって結婚というものは、(男女平等の時代であっても)家族を幸せにする責任を負うこと。そして絶対的な味方(妻)を得ること。無意識にそういう期待を持っているのですが、まぁ私たち女性って夫を尊敬できないことできないこと(笑)。「仕事熱心で尊敬してる部分もあるんだけどね」なんて言いますが、行動がまったく伴っていません。口八丁です（笑）。

むしろ夫を支配し、命令し、夫の決断を疑うことばかりしてしまいます。夫は妻のその姿に疑問を持ちます。「俺のこと、なにひとつ尊敬していないな」と感じるると、心を閉ざし無関心になったり、家事にチクチクダメ出しをするようになったり、横柄、偏屈になったり、とにかく「俺は簡単に君に支配されるような男じゃないぞ！」と言わんばかりに付き合いが難しくなります。あれは彼らの〝抵抗〟なのです。

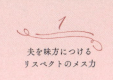

「俺は尊敬されていないぞ！」というのは、すなわち妻に愛されていないと感じるのと同義です。尊敬されていない（愛されていない）と感じると、男性は妻の助けになろうとは思わなくなってしまう。私たち女性からすると本当に困りますよね。家事も育児も女性は投げ出せない（基本的にね）。なのに、夫は堂々と「俺には関係がない」なんて顔をしてスマホをいじり倒している……。貴女がこんな夫の姿に憤りを感じる気持ち、よくわかります。そんな夫のこと、今は心からリスペクトするなんて無理かもしれません。

でも男性が心の奥で燻《くすぶ》らせている「妻を幸せにしたい、そうして家族に求められているか実感したい」という気持ちは、（はじめは形だけだとしても）貴女のリスペクトのメス力でしか引き出してあげることはできないのです。

この気持ちに火がつくと、男性は家庭のすべてのことに責任感を持ちます。自分の存在と行動が、家族を支え幸せに導くという感覚を覚えるのです。それはいい意味での男らしさを引き出します。

するとこれまで「え〜？　俺には無理だよ〜」と何事にも逃げ腰でひ弱だった夫や、「は？　なんで俺が？」と謎の亭主関白（面倒から逃げているという意味ではひ弱と一緒！）だった夫が「ん？　俺やろうか？」と頼り甲斐のある夫に変貌します。

妻からのリスペクトは夫に一本の太い筋を通す、そんなイメージです。

リスペクトのメス力とは

- **夫を尊敬し真っ直ぐに信じること**
- **夫の意見や存在を尊重すること**
- **夫に感謝を伝えること**

これだけです。でも具体的に、どんなふるまいが夫にとって「尊敬してくれているな」「感謝されているな」と感じられるのか妻からはわかりにくいと思います。それは逆に「え？　こんなことが尊敬されてないって感じさせてしまうの？」という落とし穴もあるということ……。

夫婦一丸となり、家庭を運営していく上で欠かせないメス力「リスペクト」について、これからお伝えしていきます。はじめは強い抵抗感があるかもしれませんが、慣れてしまえば自然体でできるようになりますよ（周りの男性にも）。

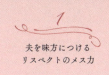

# 理想の家庭像や良妻賢母像にこだわらない方がうまくいく！

「夫がだらしなさすぎてイライラします！」「夫が夜中お水飲んでコップ洗わないでシンクに置いておくんです！　朝イチからイラっとしちゃって……」「せっかく料理作ったのにギリギリで『ごめん、先輩と飲み行っていい？』ってバカにしてますよね！」

わかる〜！　私もこういうことでイライラする妻でした。

「あと何分で食卓つけるの？」ってパスタの茹で時間を逆算して、ベストタイミングで料理出したくて……。「ちょっと後1本だけメール返す」にイラァ！

**ゴルァ！　アルデンテ逃すやん！**　と内心ムカムカ〜ッ！

結婚生活のご相談、**特に新婚家庭に多い**のが妻が理想の家庭像や良妻賢母像にとらわれすぎてしまうパターンです。

完璧にコーディネートされたインテリア。食事のタイミング、食事の内容（どうせランチは肉でしょ？　夕飯は軽めにお野菜メインで！）をはじめ、夫の一挙手一投足が気になるッ！

「ソファーで寝落ちしちゃ絶対だめよ」「シャワー浴びた後は毎回タオルで浴室を拭いてね」とルール決め。破ると「嘘つき」とキレたり、露骨に失望して見せつけたり、泣く。妻の頭の中には完璧な家庭像（とそれに向かうけなげな私と従う夫）が出来上がっていて、それに反することが許せない！

あぁ、わき起こる「なんでそうなの！」って気持ち！

だってよかれと思って私は**やってあげて**いるのに（俺求めた？）。

私だって手間暇かけて**家事してあげて**いるのに（だから俺はそれ求めた？）。

貴方がランチで栄養バランスを取れた食事をしていると思えない。夕飯くらい健康的な食事を**一緒にしたいとは思わないの？**（義務なの？）

ネットで色々調べて、効率的な家事を貴方に**教えてあげて**いるのに（だから……）。

**素敵な家庭を築きたくないの……？　どうして協力してくれないの？**（いやあのね）

なに？　あの野球チームのグッズ。本当ダサい。インテリアに合わない！（俺を見てる？　それとも理想を実現する道具？）

**「なんで？　なんで？」って夫を責める気持ちでいっぱい！**

直接口には出さないけど、ため息やついツンとした態度を取っちゃう（食事をドンとテーブルに置いて「お口に合わないかもしれませんけど……」とチクリ）。

いや〜。こういうの私もやってしまっていました（え？　皆さまはここまでひどくないって？ｗ）。母子家庭出身で家族団欒のあたたかみを知らなかった私は（あくまで私の家庭の話です）、理想的な家庭を目指し、その実現に向けて自己犠牲を払い尽くす妻こそが、良妻なのだと思って押し付けていました。

**残念ながらそれはすべて自己満でした**（白目）。

**一度目の結婚が離婚に終わったとき、結婚生活の本質とは、完璧なインテリアでも食卓でもなんでもなく、夫婦がしっかりと絆で結ばれることだとやっと気がついたのです。**

キラキラ輝く婚約指輪や理想的で映える生活は、**結婚生活の象徴にすぎません。**

でも多くの女性はそれに気が付かず「私のルールを守ってね、それが貴方のためでもあるの」とコントロールしようとします。コントロールとは支配です。支配と尊敬とは真逆です……（ど本命夫婦クラッシャーですね）。

## 夫心理　ここは監獄？　俺、逃げ出したいかも（怯）！

象徴に気を取られて支配しようとすると、必然的に夫への小言が多くなります。「どうして貴方ってそうなの？」「もう、前にも言ったでしょ？」「ねぇ、いい加減にして」「私の話、ちゃんと聞いてないからそうなるのよ」ネチネチと言うことになります。

**そんなことをされて「尊敬されているな」と感じる夫は地球上に一人もいません。「うわ、やっぱり結婚って墓場だ、つ〜か規律ガチガチでむしろ監獄……？　人生やり直してぇぇ」**（と思いながらも責任感から離婚は言い出せない夫）。**これが本音です。**

貴女がよかれと思ってしたことがすべて**ありがた大迷惑**と取られてしまうのです。こんなに虚しいことってあるのでしょうか？

## マイルールとは「自分のため」のもの、家族への強制厳禁！

貴女にはどうしても、食生活にこだわりがある、インテリアや掃除の仕方にもこだわりがある。それはマイルールだと自覚しましょう。

その上で夫に協力（強制はアカン！）してもらうには支配ではなく、リスペクトの気持ちが必要です。こんな伝え方をしてみてください。

### メスカ マイルールを強制せず夫を協力的にするリスペクト

❶ 「～してくれるとうれしい」「～だと助かるんだけど協力してくれる？」と**うれしいや助かるという言葉をつけてあくまで協力を仰ぐ**。「できればコップは洗ってくれるとうれしいな」など

❷ これに応えてくれたら「ありがとう♥」と必ず感謝する

❸ 夫がうっかり忘れても責めない「まぁ、私のルールだしな」で流す

❹貴女のルールが定着しない場合、夫にはしっくりこないということ！　そこばかりを見るより貴女のためにしてくれていることや、優しい部分を見て、まるで刑務官のように夫のミスをチェックしないこと！

**この流れであれば夫は貴女から強制されているとは感じません。協力を仰ぐということは、相手を尊重（リスペクト）しているという表れだからです。**

そして夫がこの流れに乗ってくれる場合は問題ありませんが「本当にありがとう」と感謝しても定着しない場合、夫にはそのルールがしっくりとこないのです。ここで命令したり、「私たち話し合う必要があると思うの（鼻膨らませ！）」と貴女の弁論大会を聞かせる必要はありません。**夫は支配に抵抗し意地になるだけです。**

**妻は刑務官ではなく愛ある家庭プロデューサーになれ**（秘密裏に！）

繰り返しますが、理想的な生活は結婚生活の本質ではありません。

とはいえ、すべての家事を妻が背負うのは大変です。そんなこと本書ではすすめていません。なので柔軟に考え「でもこの辺までは夫もできるんだよね」「ならその後のことは私がやろ」と割り切る方がいいでしょう。

**貴女の家庭プロデュース能力をこういう風に使うのです**（夫にはバレないようにひっそりと！）。

例えば、「夫は皿洗いまではいい感じにできる」「シンク洗いはイマイチ、そこは私がやろう」「その間、洗濯物干すのお願いしよ」といった感じで、回す。

**それで「助かる～」「ありがとう」と一声かけると、夫はリスペクトを感じて満足します。**100％完璧とはいかずとも、あらゆる家事を率先してくれるようになります。

そしていつしか勝手に家事がスキルアップしていきます（本人にやる気があるのです）。

命令や支配をせず、こういった形でリスペクトのメス力を使ってくださいね。

## 愛ある夫婦関係の秘訣、手料理や家事に見返りを求めない！

例えばある日、夫に旧友からこんなＬＩＮＥが来たとします。

「久しぶり！　まだ有楽町で働いてるの？　俺、今日そっちの方いるから飲まない？」

「久しぶり、上京してたんだ！　19時でどう？」

そして料理を作り終えていた貴女は、こんなＬＩＮＥを受け取る。

「今日、外食してきてもいい？　地元のやつが上京してるみたいで」

**なっ、なんですってぇぇぇ**（怒）。


このとき、手料理を蹴飛ばされたような、ぐちゃぐちゃにされたような、虚無感や拒絶感を覚えてしまうのであれば、**手料理に見返りを求めすぎです**。

**妻が料理に見返りを求めすぎると、夫は妻の料理を食べることに義務感を覚えます**。

貴女が自分のため、そしてストレス発散のために料理に手間暇をかけるのはいいのです。夫が大喜びしたり、感謝を伝えてくれる、そんな関係ならいいのです。

でも夫に感謝されたいという見返りを求める心があると、夫の反応にイライラしていらない喧嘩が起こるようになります。

**ハッキリ言うと、男性は豪華な食卓を目の前に（褒めて褒めて）とプレッシャーをかけられたり（感謝してよ）という見返りを求められるよりも、簡単な料理で妻がご機嫌にしている方がよっぽど幸せなんです。**

**夫というイキモノは妻が幸せそうにしているだけで癒されるのです。**

**そしてそういう雰囲気の中で男性はくつろぎたいものなのです……。**

なお、夫が料理をするタイプの方。「それくらい今の時代当たり前よね〜」なんて思わずにどんどん褒めましょう。ますます貴女好みの料理をふるまってくれることでしょう。

**理想にこだわってイラつくより、**
**便利家電に頼ったり考え方を変える！**

**妻が家庭を完璧に演出する。そういう既存の良妻賢母像にとらわれずに、夫婦にと**

**って気楽な家庭を目指してください**（外の世界で嫌なことがあっても気が抜けるような）。

またホットクックや食器洗浄機、ドラム式洗濯機やルンバなど便利家電に投資するのもオススメです。

仕事から帰った後、子どもの送迎でバタバタしてるとき、ホットクックに食材を入れておきさえすれば料理になっています。

火元を見ていない時間であらゆることができますし（他の家事や子どもの送迎、宿題を見る、入浴など！　これが最大のメリット！）、「こんなに手間暇かけたのに！」と家族の反応にイライラすることも減ります。だって作ってくれるのは機械ですからw

また、インテリアにこだわりのある貴女。夫の趣味のグッズは自室に飾ってもらったり、「ここは貴方の基地ね♥」エリアをあえて作り、そこに飾ってもらいましょう（基地は男心をくすぐるワード！）。

「いい感じ！　きれいに飾っててすごいね」のひとことで夫はその基地をこぢんまりと愛せます（笑）。そして家庭が居場所になります。

マイルールを強制して脱獄したい気持ちにさせるより、妻の幸せそうな姿に癒され定住したい気持ちにさせるのが新時代の良妻です。

妻は刑務官じゃない、夫に愛される対象なのですから♥

まとめ

完璧な家庭という「象徴」にこだわると、家庭が監獄になる。
もっと肩の力を抜いて、楽して円満になる方を目指そう！

# 夫を味方につけたいなら、女友達や家族より優先すること！

夫婦仲が悪くなってしまう原因は意外なところに潜んでいます（ニヤリ）。

その原因のひとつに、**『妻が夫より他人を尊重して夫を傷つけてしまう』**があります。**コレが本当に盲点！**　多くの女性がコレが原因で「夫が私の意見に反抗的なんです。話し合いとか全然進まなくって」「絶対Aプランがいいのに、渋るんですよ、わざと！　ほんとにイライラする！」と頭を悩ませてしまうことになる……。

買い替えたいモノ、子どものこと、家（自宅）のことなど、なにげな〜く私たち女性は友人や家族に「これ、どう思う？」と相談し、情報収集するじゃありませんか？

そうコレ自体が実は要注意！　夫に相談や意見を求める前に、**友人や親族に家庭内で決めるべきことを相談してしまうと夫婦関係が拗れてしまうのですよ！**

信頼できる友人や家族に恵まれている方、特に気を引き締めてください！　理由を

解説しますよ〜！

夫心理 夫にとって家庭は国！ 国家機密の流失はけしからんッ！

**男性は家庭を自分の国のように感じている一面があります。なのでナワバリ（国）を荒らされていると感じると、一気に警戒モードに突入してしまいます！**

女性あるあるの会話。「子どもも産まれるし、車買い替えた方がいいかなと思うんだけど、ルミのところは何乗ってる？」「食洗機欲しいんだけど、どこのメーカー使ってる？」友人からのためになるリアルなレビュー。家庭についてのアドバイス「なるほど！」と思って、それを夫にそのまま伝えてしまう。

「ねぇ、ヨウコはここのメーカーの食洗機だって！　使いやすいって言ってたよ」「うちのお母さんがね、子どもの年離さない方がいいって言ってて……ほら、私と姉9歳差じゃない？」「車はやっぱり〇〇一択よね、ルミも結局子ども産まれて買い替えたって言ってたよ」

**皆さま、これが続くと夫は自分のナワバリを荒らされたように感じ、「なんで俺に相談する前に他人に相談するワケ？」とショックを受け、「ていうか、家のこととか家族計画のことまであけすけに他人に話してるの……？（怒）」と警戒モードに突入します！**

すると貴女が「あの人がこれいいって言ってたよ！」と提案するものすべてに「は？　俺はそれイヤ」「微妙だね」と突っぱねる姿勢になってしまう……。

でも多くの女性はまさか自分が友人や家族の意見を夫に伝えたことで、関係が拗れてしまっているとは気がつかないのです（だって実際いいレビューだしな！）。

## 夫心理　妻を幸せにするのは俺の役割！　その泥棒が許せない

妻が他人に相談をして、夫に報告をする。すると夫はナワバリを荒らされたと感じてしまう。この心理を深掘りしていくと、**「なんで？　俺より先に他人に相談するの！　君を幸せにして、君のために一番役に立つのは俺の仕事でしょ！　俺が他の人より頼りにならないっていうのか！（号泣）」**なんと、コレなんです。

妻に頼られないのが寂しくてヘソを曲げてしまっているのですよね。妻の役に立ちたい思いでいっぱいなのが夫というイキモノ……（ケナゲね～涙）。でも私たち女性は男性のこういう心理を知らないものだから、よかれと思って友人や家族からの意見をクルルッポーと夫に伝書鳩してしまう！　参考になる話を収集したのに、拗《す》ねられる始末。

こうして男女の感覚の違いがすれ違いを招いてしまうのです。

## 貴女の一番の相談相手は夫！
## それが夫へのリスペクトです！

これからの人生、「私が一番に何かを相談して力になってほしいのは貴方」というスタンスで生きてください。何もかも話せる大親友、大切な姉妹、心から信頼している母親のこと、**「俺以上に精神的に頼りにしている人がいるんだな」と悟られないように気をつけてくださいね。**夫は途方もない孤独感、無力感にさいなまれてしまいますから（俺、いる意味ある？　涙）。

リスペクトを行動で示すためには、**「まずはヨシオ君の意見が聞きたくて」と言葉にして相談や意見を求めてください。**男性はそれだけで「俺の存在が尊重されている」と感じて心が落ち着きます。すると**自分のエネルギーを妻と対立することではなく、妻の力になることに使いだします。**そして夫の意見には「聞いてよかった」と添えたら100点満点です。

## メス力 夫の存在を尊重（リスペクト）していると伝えるためのメス力

1. 夫の意見が参考にならなくてもそれには黙っておき、感謝を伝える
2. 自分の意見を通したいときにはあえてダメな方といい方の2択で聞く
3. そしていい方を選んでくれたら「それいいね！　聞いてよかった！」
4. 友人や家族からのナイスなアドバイスは黙っておく
5. そして「私はこう思うんだけど」と自分の考えやリサーチとして伝える
6. 友人や家族の話は「貴方のこと褒めているよ」という内容以外伝える必要なし

夫というイキモノは基本的に妻を幸せにするという覚悟を持って結婚しています。頼りにされないとその覚悟を踏みにじられたような気持ちがしてしまうのだと、理解してあげてください。

**私たち女性がすべきことはリスペクトの気持ちを常に伝え、夫を家庭の王様扱いしてあげること。するとは貴女を王女様扱いするようになります。すると、「この国（家庭）の煩わしいことを王である俺が引き受けて進ぜよう！　王女である貴女は隣でくつろいで平和にしていればよい！」と責任感が芽生え、自分をリスペクトしてくれる妻を大切に扱うようになるのです……！**


男性にとってリスペクトしてくれる女性は、宝物なんですよ。

この力強い愛情を引き出してあげるためには、**王様を差し置いて、他の領土の人間（友人・家族）にアドバイスを仰いではいけないということです**（聞いても王様には内密ですぞ！）。

夫婦って最強の他人です。でも夫に「私たち他人」なんて伝える必要はありません。

二人でひとつの国（家庭）を築く、王様と信頼に満ち溢れた王女様。そういう夢を見せてあげてくださいね。

まとめ

王女様を幸せにする役割を他人にさせないこと！
王様、盛大にヘソを曲げますぞ！

# 「貴方なら大丈夫！」というスタンスの妻は夫の心臓になる

夫が妻に求めるモノ。いや男性が女性に求めるモノ。

それは光り輝く美貌や、若さではない。

**「貴方なら大丈夫！」と自分のことをまっすぐに信じてくれる、信頼力。**

皆さま、男性と結婚するということは、その男性を宇宙一リスペクトして信じるということです。それはすなわち、夫の太陽となり、心臓となり、良心となること……。

なんかいきなり崇高ぽい話が始まったなって感じですが、これこそが夫婦という他人関係を最強に高めてくれる最重要ポイントです。

夫心理
**この世でたった一人の女性にまっすぐに信頼されたい！**

「まぁ〜。ぼちぼち夫のことは信じていますよ〜?」という貴女、こんなときに大丈夫大魔神になれていますか?(志村けんさんの『だいじょうぶだぁ太鼓』を思い出すのです……デデンデデン)

## こんなとき、妻の信頼力が試されている!

「は〜、今日のスピーチ大丈夫かな……」社内でスピーチすることになって朝から胃が痛そうな夫。リスペクトのない妻は

・「ね〜w 貴方がスピーチとか、誰が決めたの?」と茶化す
・「今、ここで練習しなよ!」と心配する
・冷めた目で夫を見て「ダメじゃない?」チクリと攻撃
・「本当に大丈夫? 何回練習したの?」とパニックになる

信頼してくれない妻の姿を見て、夫は自信を失い追い込まれてしまうことでしょう。

メスカ

## 夫の太陽になるリスペクト

❶「大丈夫でしょ♪」と明るく笑顔でひとこと!

❷夫が玄関から出るときに「絶対大丈夫! カマしておいで♥」とハッパをかける

❸夫が弱気なとき「大丈夫でしょ〜! いつも頑張ってるもん」とカラッと伝える

❹何かがダメで凹んでいるとき「今は縁がなかったのかもね」「こんなに頑張ってるのに担当者の人見る目ないよね」など明るく切り返す(貴方だもん、大丈夫でしょ! という感情を込めて)

これこれこれ。奥様、これなんですよ、男性が「大丈夫かなぁ」と弱気になっているときに、妻から欲しいひとことは! 妻は夫の太陽です。心臓です。良心です。それらが「大丈夫!」と言ってくれたら、救われ、力がみなぎってくるのです(パワー!)。でも多くの女性は「本当に大丈夫なの? 事前準備足りてる?」と夫以上に心配をしてしまいます。

**これこそが『心配=信頼していない印』なのですよ。なので私たち女性は心の中で**

〈大丈夫かな？〉と心配でも「貴方なら大丈夫よ！」と声がけしてあげる強さを鍛えなきゃいけません。**それが夫を信頼するということであり、もっと言うと男性を愛するということだからです。**

男性は貴女からの信頼という愛情を受けて、どんどん力強くなります。「家庭とこの人を守ろう」と思い、行動に移します。家族のために仕事を頑張ります。

夫に変化してほしいのであれば、まずは貴女が信頼をする覚悟を決めてください。

**女性は夫に可憐に見せておきつつ内面は軍曹なんです。だって、太陽ですから、私たち。ポカポカに見せておいて、燃え尽くす強さを秘めています。**

まぁ色々なシチュエーションで問われますよ、この信頼力は。

リスペクトの章でお伝えしたいのは「貴女はこんなときでも夫を信頼できますか？」これです。太陽の王女様たち、ゆきますぞ……！

**まとめ**

夫が気弱になっているときこそ信頼力が試される。「大丈夫でしょ♥」と伝えてあげること！そんな妻は夫の心臓。何より大切な存在となる！

既婚メス力 格言

# 1

遊び心は

夫婦関係の最高のスパイス

茶目っけのある冗談大好きな妻

エロっけのある誘惑的な妻

頭ガチガチにしないで、

もっと夫婦を遊ぼう

# 頑固夫の心をとろとろに溶かすメス力

頑固で偏屈で、「普通はこうなんだよ」と諭しても、まるで宇宙人のように謎の独自理論を展開してきて話が噛み合わない夫。挙句に、「ほらなw 俺言っただろ？ そんなのうまくいくわけがないってw」とこちらの失敗を愉快そうにあげつらう。

情熱的で賢くて男性らしくてそういう部分に惹かれたハズ。話だって噛み合ってたハズ。なのに……。最近ピリピリ喧嘩腰で、本当しんどいて！


そこの貴女、こんな頑固夫にお困りではありませんか？

「ダメダメ。あれ、拗れきったダメな男だわ！」と切り捨てるのも自由ですが、もしかしたら何か貴女のためになることもあるかと思い、頑固夫へのメス力をお伝えしていきます。そもそも貴女と恋愛をして、一時はちゃんといい関係だったハズの夫です。

そんな夫は今何を考えているのでしょう？

## 頑固夫は妻とうまくいかなくて捻《ひね》くれている！

頑固夫だけではありません。男性は妻との関係がうまくいかなくなると、あらゆる形で抵抗してきます。頑固偏屈で扱いにくくしてみたり、無関心になることで心を閉ざしたり……（ため息）。

いやいや、普通に夫婦関係をよくしたいなら建設的に話しようよ！　という感じなのですが、『夫婦関係をうまくいかせることができない俺』と向き合うことが怖いのです。男性は自分の未熟さ、弱さと向き合うことが女性以上に苦手です。

しかも「君とすれ違っていると感じる。俺はそれが寂しいんだ」と感情を言葉にすることなんて思いつきもしません。あ～厄介、実に厄介な男性心理ですが、貴女はそれを踏まえた上でも夫と最強の他人になりたいと願いますか？　願うのであれば次のリスペクトのメス力を実践してください。

## 夫心理 頑固夫は大袈裟なくらい感謝されたい！

貴女も経験ありませんか？　夫に「ありがとう」とサラリと伝えたときに「俺のこと利用ばっかしてるよね、君は何をしてくれるの？」と嫌味で返されたこと。もうね〜これされると心底うんざりしますよね……。このとき彼らは何を思っているのかというと、「**サラッとじゃなくて！　もっと大袈裟に喜んでよ！**」「**俺の存在自体をもっと喜んでよ！**」「**そしたらもっと幸せにしてあげられるのに！**」です。

全くの意味不明だと思うのですが、本音では貴女のことを幸せにしたくてたまらなくて、でも貴女がちっとも自分と過ごしていて嬉しそうでもなく。大袈裟に感激してくれるでもなく。「俺！　寂しいんだけど！」コレなんですよね……。偏屈さも嫌味も「こっち向いて！」の裏返し……。正直、めっちゃ面倒なのですが、**彼は貴女が思う以上に貴女が大好きなのです……**（再ため息）。

## 悪い意味での「男らしさ」にとらわれた男性の苦しみ

彼らは育った環境で「男らしく！」「男なら成功すべし！」とプレッシャーをかけられて育ったのかもしれません。また自分の理想像（社会的に成功して、人望も厚く）とリアルな自分とのギャップに苦しんでいるのかもしれません。

すると身内である妻に対して、「俺の存在を尊重し、俺のすることに大感謝してほしい！」と求めてきます。「そりゃ社会に出たら、俺はその他大勢の歯車にすぎないけど、君だけは俺の太陽だよね？」といった感じで。でも私たち女性は「愛する女性に全面的に尊重されたら報われる！」なんて願いを男性が持っているだなんて知りもしません。だから夫に対して、

・「普通はこうなんだよ？」と正論で諭そうとする
・「お皿洗いしてくれるのはいいけど」と細かいダメ出しをする
・「それよりも年収、もっと上がらない？」と地雷を踏む
・夫がしてくれたことを流す、軽く「ありがと」で終わらす

こんな感じで夫の存在をあしらってしまいます（そんなつもりはない！）。

すると、「男らしさ」にとらわれている男性ほど、「俺様の好意を軽んじたな～（号泣&激怒）」と頑固、偏屈で反撃してくるのです。

頑固夫は本当は愛情の塊です。持って生まれたエネルギーが強い彼らに、正しい方向にそれを向けるように妻が導いてあげるといいのです。妻が変われば、そのありあまるエネルギーを家族のために全力で向けるようになります。

## メス力 頑固夫をトロけさせるリスペクト！

1. 夫の提案には0・1秒で「いい案だね」と快諾
2. 何かしてくれたとき（ゴミ捨てでもなんでも！）「本当に助かる～いつもありがとうね～」「私より上手いよね、ていうか器用！」と大袈裟に伝える
3. ダメ出しはしない（リスペクトとラブのメス力で信頼関係を再構築してから）
4. 「お疲れ様～！ 暑かったでしょ？」「寒かったよねお疲れ様」「今週もお疲れ様～」など労いの言葉を大袈裟に伝える
5. 「ヨシオ君が家にいるとホッとする」と言葉にする（抱きつきOK）
6. 夫のうんちく話に「勉強になる～」とちゃんと聞く

これらは夫の存在を尊重するふるまいです。頑固で気難しい男性は、朗らかで自分の存在を肯定してくれる女性には勝てません。

**北風と太陽です。夫は頑固さを脱がざるを得なくなります。**

実はメス力を学び始めてから、父に対してこういうふるまいを自然とするようになりました。父はここに書いてある頑固で偏屈な夫を煮詰めたような癖が強すぎる人だったのです。どこで地雷を踏んでキレさせてしまうか？　本当に恐ろしくできるだけ会話しないようにしてきました。今は当たり前のように楽しく会話をします。

貴女の夫が頑固で手を焼いているのであれば、それは貴女に対して「孤独感」を募らせているサインです。まずは大袈裟な「ありがとう」から伝えてください。

この言葉は男性の心をあたためます。貴女からこの言葉を大喜びで伝えられる、そんなイメージを持って彼は結婚したに違いないのです。

**人生で一番大切にすべき言葉は、心のこもったありがとうだと強く思います。**

**そして関係がうまくいっている夫婦は、呼吸するかのように「ありがと！」と伝え**

**合っています。この言葉を出し惜しみせずに貴女の方からじゃんじゃん伝えてください。ときには心をしっかり込めて、そして日々気軽に伝えていきましょう！**

その結果、きっと貴女と夫も楽しく会話ができる日が来ます。「これ言ったら嫌味で返ってくるかな？」「これ言うと怒るかな？」など、考えることなく……。そして貴女のことを幸せにするために、こまめに動いてくれる夫に変貌することでしょう。

言葉は偉そうかもしれませんが（おい、やっといたぞ！）、「ありがと〜!!」と大感激で受け止めてください。持て余していたエネルギーの向け先が定まって、「おい、やっといたからな！」「いいから、座ってな！」「ほい、俺がやる！」の連続になり、いい意味での男らしさ（芯のある優しさ）を開花させることでしょう。

**それは貴女という太陽が咲かせた花なのです。**

まとめ

頑固夫は妻に認められたい欲求の塊。
それを大感謝で満たすと、心がトロけてマメ夫に豹変する。

## なんでも知らんぷり！
## 無関心夫の心を開くメス力

「来週、金曜大丈夫？」「なにが？」「え？　だからメリ美の発表会！　パパが来てくれるって喜んでるよ！」「あ～、仕事調整できないな～」「ねぇ、2ヶ月前から話してたじゃん！　この日だよって」「……」

ちゃんと話を聞いてない。ちゃんと家族のことを把握する気がない。

それを指摘されると、すぐ自室にこもるか、趣味に現実逃避……。なにが「仕事が」よ。自分の好きなことには有給使うくせに……。

こういう無関心夫に手を焼いている女性って、本当に多いんです。子どもを持ってしまうと、特に厄介。聞いてなかった。知らなかった。俺にはできないって家庭のことからスルッと逃げてしまう……。

私たち女性だって、家事のこと育児のこと、生まれつきインストールされてるわけじゃないのに。女だからできるできないじゃなくてさ、自分で調べて試行錯誤してるっつうのよ（ググれカスとはまさにこのことやなぁ……）。

こんな風に無関心な夫でも、貴女の話に耳を傾けてくれていた頃があったはずです。なにが夫を無関心に変えてしまったのか？　まずはその心理を知っていきましょう！

## 無関心夫は「どうせ俺なんて！」と拗ねている

無関心夫は繊細です。妻から「あ、そうじゃなくてこうして！」「もう……！　言わなきゃわからないこと⁈」などとダメ出しされ続けると、「あ、もういいや。何かしてあげたり関心持つと傷つけられるわ」と結構カンタンに心を閉ざします。

そもそも彼らは自己肯定感が低く、人に何かしてあげること自体とても勇気がいることなのです。常に心の中で「どうせ俺なんて……」「俺が何かしたところで……」と自己否定しているのですよね。暴言や横暴にふるまうタイプではないので、「俺は無能なので、貴女たち家族のことわかりませんし、力にはなれません！　期待しないでください！」とシャッターを降ろすことで自分の心を守ろうとします。彼らにとって一番大切なのは〝傷つかないこと〟なのです……（いやいや家族やろそこは、という気持ちはいったん、抑えて！）。

でも妻としてこんな態度では困ってしまいますし、何せ夫への愛情がカラッカラに干からびてしまいます……（この人、いてもいなくても同じじゃ？）。

巻ではこういう夫に対して「離婚しろ！」というアドバイスが溢れていますが、離婚したくない、ワンチャン夫に変わってほしいと願っているから、貴女はきっと本書を手にしてくれたハズ！

一体、彼らはどうやったら心を開いてくれるのでしょうか？

## 夫心理 無関心夫は俺の判断を信じてほしい！

彼らはおそらく、過干渉気味な親の元で育てられ、横から「ほら！ そうじゃないでしょう」「こっちにしておきなさい、親の言うことを聞いていれば間違いないのだから」といちいち口を出され、やることなすこと否定されてきた可能性が高いのです（義両親は過干渉だったりしませんか？）。育った環境で「ありのままの自分」「自分の判断」を散々否定されると、疑い深く、人間不信気味に育ち、カンタンに心を許しません（物陰から出てこない、捨て犬みたいな感じなんですわ……）。

そんな彼らが妻に求めているのが、**『俺の判断を信じてほしい』**。

俺の判断、行動。これをただ受け止めてほしいと願っているのです。

彼らも男性です。妻の幸せを祈り、ささやかながら行動に移してきたハズ。それをこんな風に否定（指摘）されると、警戒心が強い捨て犬モードに突入します。

・夫からのプレゼントにケチをつけたことがある
・テキパキ動かずマイペースな夫に「こうしたら早いのに」「もう！　貸して」と仕事を奪ったことがある
・SEXの回数が少ない、愛情表現が物足りないと責めたことがある
・ケンカを吹っかけ「言いたいことはないわけ？」「貴方の考えを話しなさいよ」と自己開示するように詰め寄ったことがある

**彼らは基本、繊細で疑い深い捨て犬マインドです。**情熱的というよりも静かで口論を避けるタイプ。そこに「出てきなさい！」「アンタ、そのままじゃダメ！」とズカ

ズカと乗り込んでしまうと、間違いなく状況は悪化するばかり（恐ろしい女だワン！　逃げろ！）。

彼らは相手が信頼できる人か？　口先だけの人じゃないか？　じ～っと観察しています。それを逆手に取って、じっと観察させてください。**貴女から乗り込むのは『干渉』です。夫に対して『干渉』してしまうのは『信頼していない証拠』なのです！**

**ここはじっくり腰を据えて、夫に干渉しないという形でリスペクトを示すのです！**

そうして夫の方から（だ、大丈夫そうかな……ク～ン）と歩み寄らせましょう！

## メスカ　捨て犬マインドな夫の安全基地妻になるリスペクト

❶ 夫に意識を向けず、ご機嫌そうに過ごす（干渉しない）

❷ 話しかけてきたら、必ず手を止めて話を聞く

❸ 夫に頼み事されたら快諾する

❹ おしゃべりの相手に付き合わせない（反応イマイチで妻のストレスが溜まるw）

❺ 何かしてくれたら「ありがとう」と明るくサラッと伝える

❻ 夫に提案はするけど断られても「わかった」とサラッとする

## ⑦うれしい気持ちは言葉にして伝える

例えば家庭の用事など、忘れていたり「忙しい」と断ってきたとしても、「わかったわ」とサラッとして、貴女のペースでご機嫌そうに過ごしてください。夫に意識を向ける必要はありません。

妻が怒ったり、悲しそうにしたり、「パパまた忙しいんだって〜」と子どもを使って大声で当てつけたりしなければ、夫は勝手に（悪かったな……）と思います。妻が攻め込むとすべて（あの人が悪い）と責任転嫁する段階です（嫁って字を使うなちゅ〜の）。

そしておそらく「〇日なら調整できるけど……」「今度の土曜、時間あるけど……」などと控えめに申し出ます。このとき「もう遅いんですけど」「は？　土曜？　急に言われても」「パパが発表会来なかったこと、それじゃ埋まらないんだけどね」とここぞと復讐！　とばかりに攻撃しちゃダメなんです（これやる女性、案外多いで〜！）。

「え？　助かる！」「土曜？　いいねメリ美も喜ぶよ」と明るくシンプルに受け止める。そして「今日はありがとうね」と笑顔を向けてください（内心、まだイラついていても！）。

**妻から責められることはない。俺の心にズカズカ踏み込まれることもない。**

**勇気を出して歩み寄ったときに、妻は自然体で受け入れてくれる。自分の存在は家族にとって必要らしい……。**

**この積み重ねでしか夫が心を開くことはあり得ません。信頼関係の再構築です。**

無関心夫は頑固夫よりも実は時間がかかります。貴女が本当に変わったのかを、じっくりと観察するからです。だから絶対に焦らずに、**「今は殻に閉じこもっている貴方だけど、ちゃんと私たちのことを幸せにしたいと思っていると信じてる。だから私も貴方を変えようとはしない。私が変わって見せる」**こういう気持ちをしっかりと持ってください。

性格的に大袈裟な愛情表現ができなくても、妻や家族を幸せにするために「俺、これやろうか……」「やっておいたけど……」と尽くしてくれるようになります。

そこで妻である貴女が喜んで夫の判断を受け止めると、彼の中でくすぶっていた「俺なんて……」という劣等感が昇華されていきます。

**このとき夫は疑い深い捨て犬から、貴女を守る番犬に変わります。**

だから慌てず堂々としましょ。いかなるときだって、太陽が輝くように。

まとめ

無関心夫は傷ついた人間不信捨て犬マインド！
「信頼してくれて、信用できる女」になるしかない！

# 小さな決定権を譲る妻は、一番の希望を叶える勝者なり！

揉めごとが絶えないご夫婦のお話を聞いていて気が付いたこと。

**夫婦間の主導権争い、これは戦争なんだ！**

女性は彼女から妻になると、「家庭をよりよくしなきゃ」と気負った気持ちが生まれるのか、夫の生き方、家族の方針から、「お、焼肉定食にしようかな？」「ダメ！最近、脂質多めじゃない？　焼き魚定食にして」なんてことまで口を出そうとします。本来自由である、夫のお小遣いにまで「ねぇ、いい加減こういうの（応援してるチームのグッズ）卒業しなよ。お小遣いは身になることに使ったら？」と指図します（あわよくば貯金させて私にプレゼントしないかななどw）。

「だって私が正しいの。だって私が家族の平和と健康を一番に考えているから」

妻がそうあればあろうとするほど、夫は強く反発します。天邪鬼になってみたり、妻と反対意見を通そうとしてきたり。そして何か重大なことを決定するとき、妻の意見を夫はここぞと言わんばかりにさえぎろうとするのです（本当よくある光景……）。

## メス力 夫が貴女の意見に反対する本当の理由

夫というイキモノは妻からのリスペクトを欲しています。ていうかそれこそが生きるエネルギーなのです（既婚者において）。でも主導権・決定権を握ろうとする妻は、リスペクトとは一番遠い存在です。

例えば「私が一番家族を思って考えているのよ、だから私の判断に任せて！」という姿勢を夫解釈にしてみましょう。

**すると責任感のある愛情深い妻どころか、「貴方が頼りなくて不甲斐ない男だから、私がしっかりしなきゃいけないじゃないの！　本当に結婚する相手間違えたかも！」くらい見下し目線**に感じてしまうのです！

世の中のテキパキ頼り甲斐があって、家族のために動く妻（母）が、夫に雑な扱いをされているという謎現象はここが発端なのです。そう、妻が家族のためとテキパキ主導権を握り、ガンガン決定していくことで、まさか傷ついていたのです、夫は！　するとですよ？　冠婚葬祭や自宅購入なんかのココ一番のときに、夫はガンとして自分の主張を曲げないという戦略を企てます。

「普段俺は主導権、決定権を握られて虐げられている！　誰から？　妻からです！　男のプライドを守るため！　譲りません！　ここだけは！　守ります！　ここだけは！」　普段我慢していた夫が、まるで新生児がやっとウトウトした瞬間に現れる選挙カー並みの存在感で主張し始めるのです。そう、虎視眈々とこのチャンスを夫は狙っていたのです（主導権・決定権取り戻すぞ〜！　妻独断、はんた〜い！）。

さて、そんな夫との生活をスムーズにするためにはどうしたらいいでしょう？

## 夫心理　俺は妻を幸せにしたいだけ！　君が俺を信頼してくれる限りはね

男性は結婚したからには妻を幸せにしたいと願っています。でもそれはちゃんと自分が家庭の王様という実感があればの話。妻の独裁政権の下にいると、幸せにしたい気持ちが萎《しぼ》んでしまい、むしろ敵意すら湧いてしまうのです。

これを防ぐためには思い切って、些細なことの主導権・決定権を夫に渡してしまうことなんです。夫の提案には「いいんじゃない？　そうしよ！」と前向きな反応をしてください。今まで「え？　なんで？　理由は？」「ちょっと私にも考えさせて！（興味ないジャンルだけどどうせなら私の意見反映させよ……）」と検閲していたのをやめるのです（自分が変わるレッスンや！）。

## メス力　「そうしよ！」を積み上げて幸せ妻の座を手にするリスペクト

❶ 夫の「〜しよう」には「いいんじゃない♥」と快諾、間違っても「無駄使いじゃないの？」「いいんじゃない、私には関係ないし」「……（無言で圧）」などはNG

❷ 夫が自分の身の回りのものを買い替えたい場合、夫の趣味に任せる「私が夫に持たせたいもの」を選ばない！

❸ 夫が便利家電や便利アイテムを欲しがった場合、内心（え？　必要？）と思っても買わせる（「使ってみて〜」とその担当にしちゃう）

❹ 貴女にとってどうでもいいこと（こだわりが薄いこと）の判断は夫に任せてしか

も「貴方に聞いてよかった」と褒める

❺ 夫に出かける前に服を選んでもらい「今日の私可愛くない？w　選んでもらってよかった」と冗談を言う

❻ 夫が選んだことに対して後日「本当これにしてよかった」と後褒めをする

例えばこんな些細なこと。二人で外食をしていて、何を飲むかで迷っていて。そこをあえて「どっちがいいと思う？」と聞いてみるんです。それで「おいし〜♥選んでもらった方でよかった」と褒めて、また後日「あの店のあれ美味しかったよね」と後褒めもする。夫は妻と出かけてよかった！　と感じます。何かしてあげたいエネルギーがチャージされるのです。

**夫婦関係をあたたかく育むってこういう些細なリスペクトの積み重ね。劇薬はありません。小さな判断を夫に委ねて喜ぶことが大切です。**

昔の私はそれこそ食事に出かけても「私はこれとこれ食べてみたいから、貴方はこれにして！　んでドリンクはこれと、そっちも飲んでみたいから……」なんてやってしまうこともありました。あれもこれもいっちょがみしないと気が済まない女で！

家庭にまつわるあらゆることをコントロールしたい女性はとても多いですが、その結果夫とうまくいかなくなるどころか、あらゆることを自分がコントロールしなきゃいけないことになり365日くつろげないことになります。

夫に家庭の主導権、決定権を快く譲ってしかも喜んで見せると、夫は貴女や家族のために動いてくれるようになるのです。女性のリスペクトの結果として責任感が返ってくるのですよね。

で、奥様！　ここからが本題ですわよ！

**こういう感じで信頼関係を育んでおくと、貴女が本当に叶えたい願いがあるとき、夫と争いにならず、今度は「いいよ」と譲ってもらえる番になります！**

「このハウスメーカーがいいな！」「私の部屋も欲しい〜」「もうひとり子ども欲しいなぁ」「同居はごめんね、私が未熟者だから難しい……お義父《とう》さんたちともずっとうまくお付き合いしたいし」「すごくいい！　ここに住みたい！」

**くどくど回りくどく話さず、説得しようとはせず、ぽん！　と伝えてください。**

**ぽん！　と伝えること自体が信頼しているというメッセージ**になります。その瞬間は無邪気にサンタさんを信じる幼児のような心になって。

ときには瞳を輝かせて「ここがいい！」「これがいい！」と感動している姿を見せる。

**どうしても譲れないことは申し訳なさそうに。でもハッキリと「難しい」「無理かな」「こっちがいいの」と伝える**（察させようとする曖昧な言い方では男性に伝わりません）。

これまで積み上げてきた「いいんじゃない！　そうしよう」ポイントが一気にここで還元されます。日々の細々したことにこだわって損するより、細々したことは思い切って夫に譲る。それで本丸を手にすることができる方がずっとよし！

何せ夫は大きなことを叶えてあげた充実感でますます妻への愛情が強くなりますから。「**損して勝ち取れ**」**は、夫婦生活の絶対的鉄則！**

本当の希望を叶えてもらう、王女様の座で優雅にくつろいでくださいね。

まとめ

細かいことは「そうしよ」と譲り、
本当の希望を叶えてもらうが勝ち！
夫も誇らしい気持ちになって、お互い幸せ♥

既婚メス力 格言

2

俺を立ててくれる

妻のワガママ

そのギャップに男は勃つ

# 夫の収入を上げたい！あげまん妻の㊙メス力

いやはや女の欲望はとどまるところを知らず（ほほえみ）。

私のところへは「夫の年収を上げたいんですが、どうしたらいいでしょうか？」というご相談（たくらみ？w）もジャンジャン届きます。

でも世の中の女性が夫の年収を上げるためにやっていることって、聞いているとむしろメス力違反！　**具体的に言うと「夫のやる気をかき立てるどころか、潰しているで！」**って感じのことばかり……。

夫の年収があわよくば上がったらいいなと思っている貴女、次の行動はメス力違反なのでやめましょう。逆に夫のやる気がなくなります！

・厳しく家計を管理し「こんな年収じゃ将来不安」と叱咤する

・夫が求めてないお小遣い制
・節約、お金がないが口癖（牽制している）
・収入のいい家庭と比較して「いいな〜ハワイ」「Aちゃんちくらい余裕があれば、塾もしっかり通わせられていいわよね〜」と嘆く
・夫の収入に見合わない、家、車、ジュエリーを欲しがる
・「私は家のこと完璧に守るから、パパ、お仕事頑張って！」「どう？　今度こそ昇進しそう？」「ゆったり過ごしてて平気？　お勉強とかしたら」と口にする
・夫の仕事に「もっと要領よくやりなよ」「もっと稼げるのに」と口出しする

夫の心の声を代弁しましょう。

「うるせ〜！　そんなにお金が欲しければ自分で稼いでこい！」

「はいはい、どうせ俺はうだつの上がらない社畜ですよ……」

「ハワイがどうの、私立がどうの、なんなんだよ！」


**「私は良妻よ♥」って顔をして夫にダメ出しをし、年収UPを求める姿のどこにリスペクトを感じたらいいのでしょうか？**

男性目線だとガメつくて仕方がありません（俺はATMかっつうの！）。

美味しい手料理をふるまっても、そこに（妻として完璧でしょ？　だから夫としてもっとお金を稼いでね）というメッセージを感じてしまうと、萎えてしまいます。

これは女性がデートで優しくされても（この後、Hよろしくね？　デヘヘ）と男性の下心を感じ取ると萎えてしまうのと同じことだと心得ておきましょう！

**男性は女性が思う以上にお金を求められること**（**金銭的下心**）**に敏感です**。

まだまだ世の中、男性はお金を稼ぐことで判断されることが多いので、その辺のジャッジをされること、求められることに神経過敏なんです……。

妻の立場から家庭運営のために年収UPを求めたとしても、それを下心だと捉えられてしまうとゲームオーバー！　夫はやる気を出すことはないでしょう。

では夫がやる気を出す妻たちって、どんなふるまいをしているのでしょうか？

## 夫心理　俺の力を信じてくれる妻のために稼ぐぞ！

男性は自分を信じてくれる妻、すなわちリスペクトしてくれる妻のためになら頑張れます。リスペクトしてくれる妻は、**夫の自信基地局なので「家族を楽させてあげた**

い」とやる気が湧いてくるのです。ぜひ次のメス力を取り入れてください。

メス力

## 夫が仕事へのやる気をみなぎらせるリスペクト

1. 家計は夫に任せる（一番のリスペクト）
2. 夫の仕事に（相談されない限り）口出ししない
3. 愚痴には味方として付き合う（地球で一番の応援団長のつもりで）
4. ただ幸せそうにご機嫌そうにする（鼻歌、目が合ったらほほえむなど）
5. 「ヨシオ君は○○なところ凄いよ」と夫の長所を常に口にする
6. 夫が転職・休職をしたがったら応援姿勢
7. 詐欺でもない限り、投資なども見守る、応援する姿勢
8. ときにはプロ（ファイナンシャルプランナー）に相談する
9. 夫婦に見合った生活を100点として、人と比較しない（SNSは虚像、偽物多し）
10. 夫の給料日には「お疲れ様～♥」「いつもありがと」と好物を出す（共働きでも）
11. 夫に昇進をせっつかないが、昇進したら大喜びしてお祝いする

## 夫に家計を任せる、一番のリスペクトです。そして一番難易度が高し！

お金のことを隠し、警戒し、腹を割らないうちは相手のことを心から信頼していないという証拠です。「こいつこっそり使い込むかもしれない」「夫に自分の収入を知られたくない」「夫の収入を管理したい」**こういった支配欲や不信感を乗り越えないうちは、夫と本当の信頼関係を築くことはできません。夫婦という「マジで他人」の関係のまんまです**（なお、独身時代の貯金は合算しなくていいと思います）。

それに男性って実際に家庭の収支を自分で管理せず、妻に丸投げしているうちはどこか「息子ちゃん感覚」のまんま。家庭のことへの責任感が育まれず、好き勝手にしがちです（もちろん全員ではありませんよ）。

そして妻は将来のこと（老後、学費）から、「あ〜今年、親戚の披露宴が2件もあるわ、しかも下の子の入学式！」と頭を抱えてキリキリしてしまいます。マイペースな夫に「ちょっとは色々考えて！」とキレてしまうことも……。

**夫が家計を管理する方が「やば！　俺もうちょっと頑張ろう」となるワケです。そんなときに妻が応援姿勢でいてくれると、「俺にももっと稼げるかも！」「この人に苦労かけちゃいけないな」とシンプルに原動力になるのですよね。**

## 転職は応援すべき？お金に興味ない夫はどうしたら？

夫の転職などは応援姿勢の方がいいです。チャレンジングなタイプの男性を抑え込むことは本当に難しい！　夫を翼をもがれた鳥にしてしまいます……。この手の夫をドンと信頼している奥様は、どんどん夫のチャレンジング精神を伸ばします。

奥様は肝が据わっているので、事業のことで色々あってもドンと構えてオロオロしません。矢沢永吉さんの奥様は矢沢さんが35億円の巨額詐欺にあったとき「貴方に返せない額じゃない」と声をかけたそうです。**稼ぐ夫を求めるのであれば、リスクもあるということ。**それでも夫を信じ抜くという信念が夫をさらなるステージへ連れて行くのでしょう……。

逆に生活ができていればそれに満足し、お金をたくさん稼ぐことに興味がない男性に年収UPを求めるのも酷です。というか相手を潰してしまいます。

無論、鬱や病気などの傾向が見られたら即座に休職をするように助言しましょう。健康あっての人生です。ここは妻がしっかりと家族としてサポートしてください（狼《うろ》狽《た》えずに、いつも通りにしてくださいね）。

そして妻がお金のことを細かく言うよりも、ファイナンシャルプランナーなどプロにお話ししてもらった方が、男性には危機感が伝わりやすいです（「ほらね、言ったでしょ！」など追い込まないようにw）。

## 妻の方が稼ぐ場合は拗れやすい？

もし、貴女の方が稼いでいる場合でもすべて同じこと。

プラスして「貴方が色々やってくれるからだよ♥」「ん？　貴方のおかげなんだよ」「満たされてるから仕事頑張れるんだよ♥」「貴方と結婚してからラッキー続きなんだよね♥」と〝おかげさま〟を伝えてください。これができれば夫婦関係が拗れることはありません（よく聞く高収入妻に拗ねる夫にはなりません！）。貴女の仕事に誰よりも理解を示してくれて、サポートしてくれることでしょう(家事や子育てを含めて)。

## 家計を共にする夫婦だからこそ問われる「本当のリスペクト」

夫にも生き方があります。仕事人としてのあり方もあります。

夫婦間のリスペクトとは、お互いの生き方を応援できるかにかかっています。状況に応じてですが、心から信じ、応援しましょう。

そして貴女の人生も応援してもらい支え合ってくださいね。

その方法を書いてるのが本書です。妻がすべて抱え込む必要はありませんよ！

**まとめ**

「貴方なら大丈夫よ」「信頼してるから家計は任せるね」と超信頼的リスペクトを向けること。そして夫の生き方を「GO」と後押しする肝の据わったリスペクトを持つこと。

この2つのリスペクトができる女性こそあげまん。

# 夫が率先して家事をしてくれるようになる愛嬌力！

私の元に寄せられる婚活女性たちからのご相談、「収入が多い人と結婚した方がいいですか？」「愛とお金どちらを優先すべきでしょうか？」といったものが多いです。どんな男性とならうまくいくのか？　それはお金か？　愛か？　と考えてしまうのですよね（あったあった！）。

**でも実際には、結婚生活の円満の秘訣は『夫が家庭（家事や育児）に協力的かどうか』これが大きいと皆さま思いませんか？**

既婚女性同士の愚痴でも「夫の収入が……」「夫にもっと愛されたい……」というものよりも「うちの夫は家のこと何もしないのよ！」「それどころか料理にケチつけてきて最悪！」「うちね、外食とかお惣菜NGなの（涙）。だから今日も早めに帰って旦那にご飯作らなきゃ……」など家事や育児についてのことがほとんど！

**家事を率先してしない夫に対して、妻側の愛情はカラッカラに渇き切っちゃうんですよね**（共感しかない……）。

だってそりゃそうですよ。例えば一緒に外出してへとへとで帰宅したあと、夫はゆったりとソファーでスマホいじり。妻は洗濯物を取り込んで、そこから料理。よくある家庭の光景です。そこで夫が気を利かせた風にこんなことをのたまう。

**「カンタンなのでいいよ～。カツ丼とか、チャチャっと丼物で！」**

（はぁ？　今から揚げ物しろって？　ふざけんな！　どう見ても私も疲れてんだろ！）

って大っ嫌いになってしまうんですよね……（その後、夜のお誘いされても「は？」でしかない！）。

もはや日本のほとんどのご家庭がなんらかの形で共働きです。でも男女ともに家事は女性メインでするものって感覚がうっすらとあり、夫はそれを求めてくるし、妻は完璧にこなせないことに罪悪感を持ってしまう。でも罪悪感を持つ必要なんてありません。

むしろ夫との関係を円満にしたいのであれば、「なんで私ばっか！」と恨みの感情を芽生えさせないため、家事を率先してもらうことが大切なのです。

そのためにはうまく**リスペクトを示しつつ、可愛くお願いをして夫をその気にさせる**ことが肝になってきます。でもこの『リスペクトを示しつつ可愛くお願い』こそが私たち妻が乗り越えるべき課題なんです！

## 夫婦が変わるには正論より愛嬌が必要！

夫に対して恨みや怒りの感情があると「は？　家事なんて当然すべきこと、なぜ女がお願いしなきゃならないの？」「そういう『夫は育てろ』みたいなの、ホント無理！」と抵抗感が芽生えます。**この抵抗感こそが夫婦円満のために乗り越えるべき壁です。**

まさに私もそういうタイプでした。「男をおだてる系？　そこまでして家事させるとかバッカみたい！」と心底思っていました。「むしろ私が褒められたいのになぜ？」と。

**それが正しい平等だと思っていたのですが、待っていたのは大好きな人と敵対関係になるというお粗末な結末でした……**。

そもそも平等ってなんでしょう？

男女では体力筋力が圧倒的に違います。その上、女性には毎月の生理、それに伴うホルモンバランスの変化、（子どもを望む人であれば）妊娠出産など肉体的負担があります。本当の意味での平等（折半）ですら、女性には負担が大きいのです。多くの女性は稼ぎ手にもなっているのですから。

**そう考えると、本当に自分は「平等」を望んでいるのか……？**

**いや、欲しいのは夫が気遣ってくれる「ど本命溺愛」では……。**

自分の心の奥底をのぞいたときに本当に望んでいるものが見えてきたのです。

**夫が妻を気遣い、そして率先して家事をする関係。**

そこにたどり着くには自分も相手も意識改革が必要です。

男性側の『家事は女性がメインですべきこと！』といった固定観念を変えるためには『正論』じゃなく、『愛嬌』しかありません。平等を声高に叫んで正論を振りかざし、家事負担などデータ化して理性に訴えかけて説得するより、「この愛しい妻を楽させるためにはどうしたらいいだろう？」と感情（心）に訴えかける方が、話が光速で進むんです！

さて妻がやるべきことは見えてきましたが、そもそも世の中の夫へ（主語大きすぎw）は、なぜ家事をしたがらないのでしょう？

## 夫心理 妻にダメ出しされたらやる気を即失う！

たとえどんな夫でも一度くらいは家事をしたことがあるハズです。そのときに妻にダメ出しをされてしまうと気持ちが折れてしまいます（もちろん個人差アリ）。**そして「僕ちんには家事できないよ～！」「やり方わかんない～！」と『無能を武器化』するのです**（これももちろん個人差アリ！）。

男性は女性が思う以上にプライドやメンツを重んじます。「アンタは家事もまともにできない男！」というメッセージを受け取ってしまうと、傷つかないために家事そのものをやめてしまうのですよね（決断はやw）。

例えばこういうダメ出しは、家事しない夫育成発言です。

・夫が率先してしてくれたことに「今はそれじゃなくてこれして」「そのやり方違うよ（妻ルール）」と感謝するどころかダメ出しをする
・夫の家事のミスを後から必ずチェックする、そしてチクリと「間違ってるね」と言い、感謝はしない

・「ほら、だから違うって」「もう、貸して」と横から口を出す
・夫が家事に不慣れなことが我慢できない（同じ基準を求める）。そして「二度手間だから私やるわ」「いいよ、前に任せたときも間違ってたし」と家事をさせない
・「カレー作るのにいちいち高い食材買わないで！」「包丁なんかあるの使えばいいでしょ！　マイ包丁？　いらない！」とキレる（料理へのやる気が失せる）
・そもそも家事はすべきことであるから感謝するなんておかしいと思う

こういうスタンスでいると夫はマジで家事をしません。

「なにかやれば妻がガチャガチャうるさいから無視しておこ！」と学習してしまいます。妻もそれを見てイライラしてしまい、家事をお願いする気も失せてしまいます。

**本来なら夫は妻を幸せにしてあげたいと思っているのに、そのチャンスをことごとく潰してしまうのです。**

そして妻は家事をマルっと請け負うことになって夫に嫌悪感を持つようになり、夫はイラつく妻の顔を見て「俺っている意味ある？」と虚しくなってしまい、夫婦関係にどんどん亀裂が入ってしまうのです（日本中であるあるな展開や〜！　ていうか家事してよｗ）。

ここから立て直すには「家事してよ！　私ばっかり！」の正論じゃなく、愛嬌です。

積もった恨みのことはいったん（無理矢理にでも）置いといて、リスペクトのあるお願いで、夫婦の流れを変えていきましょう。

## メスカ 愛嬌たっぷりのお願いは夫へのリスペクト

❶ 家事をしない夫へのお願いは小さいことから（ゴミ捨てなど）

❷ 夫の家事のミスは指摘せずにサッとやってしまう（シンクを洗うのが下手など）

❸ あらゆる家事、夫一人で完璧を目指させず、それぞれの得意分野を「合わせて85%」くらいをゆるく目指す

❹ 困ったことは科学的根拠を添えて「洗濯物はすぐ干さないと『モラクセラ菌』が発生して臭くなっちゃうんだって！　それ終わったらお願いしていい？」

❺ それぞれ家事してる感を出す「私ご飯作るから、洗濯物取り込んでたたんでくれると助かる〜♪お願いしていい？」（断りにくい）

❻ 時間を指定する「ゲームの切りがいいところで○○お願いしていい？」「12時には家出たいから、それまでにリビングに掃除機かけてくれる？」「庭の掃除だけど12日までに終わらせてくれる？」（時間や期日指定しないと先延ばしにしがち）

❼ どんなに小さいことにも「ありがとう♥」「助かった」と口に出す

❽ 言い方、命令口調ではなく「♪」「♥」「うるうる」が語尾についてるイメージ

❾ 言い方がキツくなったら後で必ず「さっきは嫌な言い方してごめんね」と謝る

❿ マイルールや夫の家事で気になることは「どうしても○○が気になっちゃうの」と打ち明け、受け入れてくれたら「ありがと」と感謝する（ハグできたら120点！）

⓫ 夫が家事を少しずつしてくれるようになったら「最近、よくやってくれるよね♥助かる♥」「こんなに気が利く夫はいないよ♥」と伝える

⓬ 夫の手料理には拍手。そして「美味し〜♥」「私よりセンスあるよw」「よ！ヨシオシェフ」「お店に出せるよこれ！」と食卓を楽しく！

⓭ 夫の手料理を「またあれ食べたい〜♥」とリクエストする（料理の腕を勝手にあげてくる）

⓮ 高めの食材で料理しようとしたり、家事について形から入ろうとしたとき、見守る（自主性は上達のチャンス！）

⓯ 「ヨシオさ〜ん♥一緒に洗濯物たたみませんか〜♥」とデートのお誘いをする（実際は家事w）

⑯ 夫が考え事していたり、疲れ果ててるときはそっとしておく（その代わり自分も無理しない！「今日は料理したくない」「家事したくない」と口に出す）

⑰ 力仕事は必ず夫にお願いし「力持ちだね」「助かった」と伝える

⑱「〜しといた！」などの家事した報告は、妻の「ありがとう♥」が聞きたい、幸せそうな顔を見たいだけ！　嫌味でもなんでもないと知っておくこと！

**全体的に「貴方のおかげ♥」「貴方は私を幸せにしてくれる人♥」というリスペクトの気持ちが込められています。信頼感の塊のような愛おしい妻です。**

「家事くらいするの当たり前！」「どうしてこんなことも言われなきゃできないの？」という、夫を見下している妻（そう見えてしまう）、雰囲気とは真逆です。

男性はこういう雰囲気で家事をしているうちに家事に対しての苦手意識が薄まります。**そして妻が幸せそうに感謝してくれると、その家事に責任感を持つようになります**（得意分野を磨き出します）。

そして信じられないことを言い出します。

「別に……家事するのって当たり前のことじゃないの？（え？いつから？w）」

「男だから家事しないとか、謎だよな～（いや昔は貴方もw）」

「いいよ、ゆっくりしてな　今日は俺がご飯作るよ（へ？　カツ丼作れ言わんの？）」

「クリーニング？　出かけるついでに出しておくよ？（え？　気が利く！）」

「洗濯？　回して干しといたけど（あ、洗剤も詰め替え終わってる～）」

**まるで100万年前から家事夫だったかのようなドヤ感ですが、否定したり「昔はしなかったじゃん」と水を差さずに感謝してくださいね。**

そして世の中のど本命妻を目指す皆さまにお伝えしたい！

男女関係なく家事をするのは当たり前。これは確かに正論。でもこの視点で夫を見るの勿体無い！「なんて最高の人と結婚したんだろう♥私のこと愛してるからしてくれているんだよね♥」「だから最近、夫も変わったんだよね♥」こういう視点で夫が家事をしている姿を見るようにしてください。

長い歴史の中で男性が家事をすることは一般的じゃありませんでした。そういう固定観念に私たちはガチガチに縛られていました。

**だから現代社会で貴女の夫が家事をするということは、貴女への愛情を選択したということに他ならないのです。**

**男性にとって家事は妻への愛情表現のひとつなんです。**

世の中で当たり前とされていることに、実は愛が溢れていたと気がつけると結婚観が一変します。

カップルの頃のようにあま〜い言葉をかけてくれた夫がいなくなったとしても、パンパンとシワを伸ばし貴女のシャツを干してくれる夫。

そこに愛が溢れているのですよ。

**結婚生活はなにげない平和な日常のすべてが愛です。**

**これに気がつくと何度でも夫に恋できるようになります♥**

どうぞ、思う存分その愛を嚙み締めて。心からの「貴方と結婚してよかった♥」を夫にお伝えくださいね。

そしてそんな両親を見て育った子ども世代が大人になったとき、本当の意味で「夫婦の家事問題」から解放されていますように……。

まとめ

リスペクトと愛嬌のある「お願い」で夫を家事に引っ張り込め！

夫婦の恋心継続の秘訣は、妻の愛嬌と夫の家事にあり！

# 育児をする夫は妻が
# うま～く巻き込んでいるだけ

「メリさ～ん、将来イクメンになりそうな男の条件ありますか？」と独身女性から質問されることがありますが、皆さまは特徴思いつきますか？

最近つくづく思うのが「俺、子ども好きなんだよね」「三人は欲しい」みたいな発言をする男性が将来育児をする夫になるとは限らないということ！　甲斐甲斐しく子どもを世話してくれる妻があってこその発言というか……。どこか育児に関して他人事！

そういう男性から「離婚した！　親権？　元嫁！　俺仕事もあるし育児ムリムリ、は～いい出会いないかな～！」なんて話、何度聞いたことやら……（いや、元奥様も仕事に育児あるのでは……）。

男性の子ども好きなんて発言、一個も参考にはなりませんよね。それで予測がつくのであれば、こんなに世の中に「育児に無関心な夫の愚痴」があふれていませんわ！

そんなワケで当然私のところにも、夫が育児に協力的になるメス力について、たくさんご質問が届きます。これから子どもを持つかもしれない方、妊娠中の方に向けてメス力をお伝えしていこうと思います。

## 人間は一人で子育てできる生き物じゃない

私にも子どもがいますが、出産後最初に思ったこと。

「人間は本能的に子育てできる生き物じゃない！」

今でも時折、産院の授乳室での光景を思い出します……。

「母乳が出ません！」泣きながら助産師さんに訴える方、赤ちゃんがなかなか乳首を咥えてくれず号泣する方、うまく抱っこできずに困っている方。

母親しかいないあの空間でみんな胸をさらけ出して恥じらいどころじゃない！　我が子と向き合うのに必死！

沐浴教室だって、看護師さんが手慣れた感じで赤ちゃんをコロコロ〜じゃぶじゃぶ

〜っとひっくり返して要点をチャチャっと説明して終了。（え？　マジで今のでみんなわかったの……？）と呆然としていると、他のお母さんが「あの……女の子のおまたってどう洗ったら……」そうそう、石鹸使っていいのか？　そういうのが聞きたい！　すると看護師さん「洗ってください」ピシャリと終了。

あ〜。人間って授乳とか子どもを清潔に保つとか、動物が本能レベルでできることを一から学習しなきゃいけないんだ……。と途方にくれました。

私の場合、義実家も実家も里帰りできる状況ではなく、育児経験がある人がサポートしてくれる環境ではありませんでした。夫婦で育てるしか選択肢がなかったのです。でもそれがよかったのだろうと今は思っています（もちろん、これは人によります。頼れる人は多いに越したことはありません！）。

## 夫心理　え？　母性本能って万能だと思ってた……（天然無知）。

これから出産を控えている方、夫に伝えておいてほしいことがいくつかあります。
**貴方の夫も無意識レベルで育児は妻主体でやるものだと思っているかもしれませんし、まさか授乳の仕方や寝かしつけなど、母親も手探り状態でスタートするとは夢に**

**も思ってないかもしれません。**「え？　それくらい母性本能としてインストールされているのとちゃうの？」と誤解しているのかもしれないのです！

まずはその誤解を解いておくことが大切です！

## メスカ 私も初心者、貴方の助けが必要なのと巻き込むリスペクト

**① 授乳・沐浴・寝かしつけ、母親も調べたり学習するレベルのことと伝える！**

「ねぇ、赤ちゃんをお風呂に入れる方法とか母親も調べて学習するって知ってる？　よく考えたら本能ではできないんだよね」「**だから一緒に調べてやってほしいな**」

　実は本能でお世話ができるものではないのだと夫に伝えておく。そしてあくまでお互い同じスタートラインだから一緒に頑張ろうねと伝えておく。「女性も勉強してるんだよ〜」だけだと、男性は察せないし責められた気持ちにすらなる。「一緒に学ぼう」はイヤミなく信頼感の表れ。

**② 妊娠中の感情の変化、産後クライシスについて伝えておく**

「妊娠中（産後）って、ホルモンバランスの変化で落ち込んだり、イライラしやすいんだって……それでもし嫌なこと言ったらごめんね、**でも今はそういう時期だと思って見守ってほしい。私がヨシオ君大好きなのは変わらないからね**」

ホルモンバランスの変化で苦しんでいる方は多い。また夫側も妻の変化に戸惑ってしまう。伝えることで心構えができる。そしてちゃんと「見守ってほしい」「貴方が好きなのは変わらない」と希望と愛情も伝えておくことで、受け止め方も変わってくる。

また、口で説明するより、**医師監修のリンクを読んでもらう方が吉**。女性の精神不安定を「気持ちの持ちよう」などと思う男性も多いので……。

**③ 二人のためにも育児を一緒に乗り越えてほしいと伝えておく**

「産後3年で離婚が多いんだって……せっかく**ヨシオ君との赤ちゃんが**産まれてくるから、ずっと仲良くしてたいな……産後協力的だとずっと仲が良いらしいから、**二人のためにも**一緒に子育てしてね♥」

我が子への愛情が120%を振り切って夫のことが若干どうでもよくなって

しまう人もいる。でも子育てする上で土台になるのは夫婦関係。あくまで二人の幸せが私にとっても大切なのよと伝えておく。

④ **パパとして褒める**

夫が家事をしてくれたり、赤ちゃんをお世話したり、お腹に話しかけたら「優しいパパでよかったね〜♥」と褒める。「笑顔がパパそっくりで可愛い」「貴方に似てきっと〇〇な子かも♥」などと言われるだけで、その気になる。

⑤ **育児にも常にありがとうを伝える**

「は〜い、お風呂ありがとう」「お迎えありがとう〜」「仕事都合つけてくれてありがとう〜」「おかげでゆっくり出かけられたわ、今日はありがとうね」これを無意識レベルで口にすること。すると子どものお世話をすることはお互いありがとうと伝えるべきことという感覚になり、**夫の行動をいちいち制限しなくても、自由行動（外出、飲み会、趣味など）は相手にちゃんと確認を取るべきこと、そして感謝すべきことという感覚が育つ。**夫が自分の都合ばかり優先して、腹が立つ思いをしなくて済むようになる。お互い様精神が育つと、夫の育児スキルも上がり、妻も外出しやすくなる（これ大事です！）。

こういったことを伝えておいて、**ごくごく当たり前のように夫にも世話を任せていきましょう。「○○お願いね〜！」とサラッと頼み、育児に特別感を出さないのがコツです。それ自体が夫を父親として信頼（リスペクト）している証になります。**

でもその後に必ず「○○してくれてありがとう♥」と付け加えるのも大切です（夫も感謝してくれるようになり、家庭中がいい雰囲気に包まれます）。

不安な部分は「**私もわからなくて調べたんだけど、**○○がいいって！　だから○○でお願いね」と、**科学的根拠を引き合いに出し、具体的にお願い**をしましょう。

そしてちょくちょく「この子は最高の父親に恵まれたね」「こんなに子どものお世話してくれる人いないよ」と口に出していきましょう！

## 母親はしたたかに、子どもの幸せを守って！

子どもって予測不能な行動を起こすし、絶対に目を離せない（危険）。あの独特の緊張感に疲弊してしまう。子どもが大きくなってからも父親に比べて母親は子育てに感じるプレッシャーは大きい……。

でも夫に対して感情的になり、「どうして私ばっかり！」「貴方だって父親でしょ！」と責め、夫婦関係が拗れ、夫も育児から遠ざかり、**一番損をするのは我が子です。**


子どものため母親は究極の損得勘定を働かせる方がいい……。


でも昔からある「我が子のために理不尽な夫に我慢する」という形ではなく、メス力を使い夫を育児に巻き込むという形で……。

**夫婦円満を選択するという、愛あるしたたかな損得勘定です。**

**夫が育児の当事者となり貴女と子どもを大切にしてくれたら、カップルのときのラブラブを超え、心から夫を尊敬し、愛は夫を信じ続けるという「決意」になります。**

「子どもがいないうちは夫婦仲いいのよ」「子どもがいたら旦那なんてどうでもいいから」なんて外野の言葉は無視して、夫婦という最強の他人を目指していきましょう。

私たちの母性愛は進化し続ける！

まとめ

「私も初心者」という雰囲気で夫の父親力を褒め、育児に巻き込む。そしてお互いにありがとうを言い合う雰囲気を作ると後々楽！

育児が当然になり「家族をかえりみない」悩みから解放される。

コラム

## 「夫を立てる」と「妻に尽くす」が返ってくる！

男を立てるという言葉に嫌悪感はありませんか？

私はありました。「時代錯誤もはなはだしくて、ちゃんちゃらおかしい！ 立てるくらいの男、ここに連れてきてよ（爆笑）」なんて思っていました。

その結果、素敵な男性とめぐりあえてもことごとく『ど本命クラッシャー』で男心を砕いて、挙句に離婚。

ひとことで言うならばあの頃の私は異性に対して**敬意も可愛げもない女**だ

ったのです。

**男性は自分に敬意（リスペクト）を持ってくれない女性に対して、徐々に拒絶感や敵対心を持ちます。シンプルに大切にされなくなるってことです。**

こんなことを書くと、「そんな脅しみたいな……そこまでして男を立てなきゃダメなの？」と感じますよね。

でも気がついてほしいのです。多くの女性はパートナー以外の人のことを立てることを自然とやってのけています。

❶ 周りのことを思って動いてくれる人に「○さんのおかげです」と感謝を伝える

❷ いつも企画や予約係をかってくれる友人に「いつもありがとう」と感謝を述べる

❸ 誰かのサポートがあって自分が成功したときに「いえいえ、○さんのおかげで」と謙遜し、○さんを立てる

❹ 褒められたときに「おかげさまですよ」と相手に感謝を述べる

正直、これくらいのことやっていませんか？

夫含め、他人を立てるってそんなにキリキリすることじゃありません。他人を立てることには感謝や敬意の気持ちしかないからです。上下関係ではありません。

これは対人関係のマナーレベルのことなんです。

でも相手が夫になるとできないのは、いらないプライドが邪魔しているから。守られ愛される妻の立場じゃなく、夫に張り合う妻の立場になっているから。

そして「そんなことしなくても私のこともっと大切にすべき！　貴方は私に借りがいっぱいある！」という思いに囚われているから……。

このいらないプライドや思い（恨み）を捨てて「ヨシオ君のおかげだよ♥」「いえいえ、夫のおかげなんです」と思い切って言えるようになった日から、夫婦に小春日和のようなぽかぽか空気が宿ります。

そして立てる妻とは、夫にひざまずいて下手に出るようなイメージじゃなくて、もっと「私が幸せなのは貴方のお・か・げ♥」と茶目っけたっぷりで、

**無邪気なイメージ。「まったく、しょうがないな～」と言いながらも、つい妻を甘やかしたくなるようなちょっぴりワガママなイメージですらあります。**

夫を立てるには女性が心を無防備にしなきゃできません。「調子づかせる」「こんなやつ立てるまでもない」なんて警戒していたら心から立てることはできないからです。

男性はそのことを本能的に感じ取っているので、立ててくれる女性は、**「無防備でいてくれる＝俺を信頼している＝守ってあげなければ！」**と心が動かされるのです。

例えば夫が重い物を持ってくれたとき「ありがと～。この筋肉さんのおかげだね♥」と腕をナデナデしてみてください。茶目っけたっぷりに♥

夫は「ったく」という顔をしながら、筋トレに勤しむことでしょう……（筋肉など男性的な部分を褒められるの大好き！）。その後、重い荷物は「俺がやるから！」と勝手に自分の仕事にしてくれます（妻を守らなアカンからな！）。

**こうして女性の「立てる」に男性は「尽くす」で応えてくれるようになり**

ます。

「立てるのは女性が下の立場だから」という思い込みを取っ払って、夫婦円満のドアを開けてくださいね。

## コラム 妻の信頼を得られるのは、夫になった人だけ

私が発信している「メス力」はこれから運命の男性を見つけて、ど本命婚するためのメソッドです。その中でも「彼のことを信頼するべし」とお伝えしています。

例えば、彼が社内の飲み会に参加する、その中に女性も出席する。「浮気されたら？」「出席させたくありません！」なんて女性には「彼のことを信頼しましょう。彼は女性を見かけたら見境なく口説くような人なのですか？」とお伝えしています。

そしてそれ以前に未婚時代は信頼できない男性をふるいにかける段階です。

信頼できない男性はさっさと見切って次に行くことが大切です（この段階で男性をしっかり見極めることがどれだけ重要かは既婚者の皆さまならわかると思います）。

既婚者が夫に向ける信頼、リスペクトとはもっと重く崇高な決意です。

**男性にとって結婚とは、『生涯一人の女性を愛し、そのために時間もお金も使い、幸せにする』決意**です。女性が思う以上に重いからこそ渋り、そこまで思えないと入籍というカードを切らないのが男性。

既婚者の女性とは、夫にそのカードを切らせた特別な存在なのです。

結婚ってやはり特別です。彼氏彼女の関係とは違い、責任が伴います。

だからこそ私たちは**「貴方のこと何があっても信頼するわ」というまっすぐな眼差しで夫の決意に応える**必要があります。それができたときに、（現段階でそうは見えなくても）妻を幸せにしたい夫と、それを信じて受け取る妻の間で特別な絆が育まれていきます。

夫が失敗したとき。
夫がミスを犯したとき。
夫の判断が間違っていたとき。
夫と価値観が違ったとき。

貴女の愛が試されます。
そして「信頼」という愛を持ち続ける女性だけが、男性からの深い愛を勝ち得ます。
でもそもそも心配性な女性にとってこれは慣れるまで大変なこと。
信頼する自分に生まれ変わる。
こんな大変なことは貴女を幸せにしたいと願う夫のためだから。
貴女を生涯の伴侶に選んだ人だから、生まれ変わる価値がある。

**「愛してるよ」と100万回言うけど婚姻届にサインはしない男と、貴女の夫は信頼度がまるで違うのです。**
口先だけの甘い言葉なんて、絵に描いた餅です。

貴女は実態のある餅をすでに手にしているのですが、調理法がわからずに生のままかじりついているだけ。そりゃ歯が欠けて痛い思いをするワケですよ。

その餅、リスペクトという愛の炎でちゃんと焼いて美味しくいただきましょう。

信じることへの恐れを手放して「私が信頼するって決めたことだから」と覚悟を決めるのです。男性を疑ってばかりで、過干渉し、束縛し、試し行為をし、高飛車に出たと思ったら急に卑屈になり、あらゆる方法で愛を壊してきた私でも変われたので、貴女も大丈夫。夫のことをまだほんの少しでも好きならば「こんな本に書いてることうちの夫には」と思わずにやってみませんか？

既婚メス力 格言

3

全身くまなく見せ合った

新鮮味ゼロの関係

でもあえて

「この人誰だっけ？　私の夫？」

「こんな手してたっけ～？」

って観察して夫を楽しむ

# 2

# 夫の最愛の妻になる ラブのメス力

夫が妻を溺愛する♥
# 男女としての絆を育むラブのメス力解説

メス力を発信し続けて数年、既婚者の方のご相談も増えていますが、「夫が家事しません」的なお悩みより、「夫から結婚後も愛されたいです！」「結婚後も追われたいです！」など、いつまでもラブラブでいたいという愛情にあふれたお悩みがほとんどです（夫を懲らしめたい的なお悩みは皆無）。さすが、男女ともに幸せになる力『メス力』で結婚した方々（愛のデカさが違う！）。

未婚メス力は既婚メス力と同じように「好きな男性をリスペクトすること」が重要。そして「でも追われるために好き好き言いすぎは注意だよ」が基本型です。

男性の狩猟本能をかき立てて、求められている状態でど本命プロポーズされるのが、目的だからです。

しかしメス力を守り、追われ求められ結婚したとしても、妻となった女性に対しては、夫の意識が変化します。**狩猟本能は家族（妻）を守るために仕事に向けられ、結婚という形で摑まえた妻はもう追いかける対象ではなくなるのです。**

この変化に多くの妻はついていけず「夫は私に冷めてしまったの？」「情熱的にまた追い求められたい！」と苦しんでしまうのです……。実際には彼女として追われるより、妻として守られる方が尊いのですが、そのことがなかなか感覚的に理解できないのですよね。

夫婦になったらラブラブは不可能？　いいえ、全くそんなことはありません！

**既婚になったら追われる必要がないので、逆に思う存分夫に好意を見せてラブラブしちゃっていいのです！**　むしろ追われようとして未婚メス力の方をしてしまうと、夫と距離ができてしまいます（仕事を邪魔する幼稚な妻に見えてしまうのです……）。

**妻という立場で溺愛されるには、狩猟本能を刺激することよりも、守ってあげたくなるような可憐さ、すなわち庇護欲を刺激する方が重要になってきます！**

リスペクトのメス力だけだと、お願い事をしても「なぜ俺が」と言われてしまうような場面でも、日頃から夫をメロメロにしておけば夫は喜んで貴女の望みを叶えようとしてくれます。夫としても、いつまでも自分のことを男として慕ってくれる女は可愛いものですもの。

多くの女性は「私だって女を捨ててませんよ！　それなのに夫は最近女扱いしてくれない……」と嘆きますが、そもそも男性目線と女性目線では「女らしさ」の解釈が違っているのです！

女性らしさとは365日メイクをするとか、夫にすっぴんを見せないとかそういうことではありません。体型をきっちり維持し365日きち〜んと美しくしていても、目を釣り上げながら「最近、私の扱い雑じゃないの！」と責めてきたり、色気のカケラもない話し方をしているなら、夫には「妻は俺の前で女を捨てるようになった」と見えてしまうのです！

逆に、一日中育児に追われボロボロで産後太りがなかなか解消しなくても、戦地（仕事）から戻った夫に「おかえり～♥」と笑顔を向けられる妻は愛おしくて守ってあげたくなります（たとえ一瞬の笑顔でも）。

**夫の心に刺さる可愛げ、愛おしさ、可憐さ、儚さを表現できていなければ意味がないのです！**

それを踏まえてラブのメス力では、夫の「妻、可愛い♥」スイッチを押しまくります！　自分的には女性らしさを忘れずに頑張っているつもりなのにうまくいかない（溺愛感がなくて満たされない、守ってもらえず夫が損得で話をする）方は、新しい視点で女性らしさを身につけてくださいね。

女性らしさで、夫の理性じゃなく、感情（好き♥）を刺激するのです！

夫の庇護欲をかき立てて溺愛スイッチを押す、ラブのメス力とは、

**・夫にたっぷり甘えること**
**・夫を頼りにすること**
**・夫にあらゆる方法で愛を表現すること**

これだけです。

「夫に甘える……？　今更できるかな？」と不安になってしまう貴女へお伝え

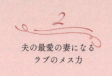

したい。**好きな人に女性として愛され甘やかされると、冗談みたいにストレスがふっ飛んでいきます。愛されない、甘やかしてもらえないって、女性にとってなにげに大きなストレスなんです！**（ちなみに男性に置き換えると「妻にリスペクトされない」に該当します）。甘やかしゼロで損得ばっかの夫に愛なんて感じませんもんね……。

貴女が夫をリスペクトし、ラブもたっぷり伝えると、夫は貴女を優しい瞳で見つめてくれるようになります。そしてくだらないことで笑い合い、ときにはエスコートされ、常に貴女の笑顔のために動いてくれるようになるのです（心ほっかほか♥）。

夫のビッグラブを引き出す、ラブのメス力、勇気を出して今日から実践していきましょう！

# 同志化しないために！可愛い声で耳から女を意識させる♥

リスペクトのメス力を実践していくと、夫と阿吽の呼吸で家事や育児に取り組めるようになります。そう、二人は家庭運営の最強のパートナー（えっへん）。だけど、だけどよ！　それだけじゃな～んか満たされないのが女心ってヤツですのよ、奥様！

**ちゃんと夫から女性扱いされたい**（のかも？）。

その自分の気持ちを受け入れた方が「なぜかわからないけど、夫に優しくできない」という状況を改善することができます。

奥様！　貴女に必要なのは、夫からの丁寧な女性扱いなのです！

## 女性の心が癒される、女性扱い

❶ 夫が優しく声をかけてくれる（怒鳴ることなんてしない）
❷ 夫が優しい瞳で見てくれる
❸ 夫が率先して面倒ごとを変わってくれる
❹ 夫が食事に連れ出してくれる（デート）
❺ 夫が「これ好きでしょ？」と好物を買ってくる（プレゼント）
❻ 寒そうにするとすぐエアコンの温度を上げてくれたり、上着を貸してくれる
❼ 夫とキスやハグなどのスキンシップがある
❽ 急な雨、あいあい傘で夫の肩はびしょ濡れ「俺はいいよ」と気遣ってくれる
❾ 夫が「可愛い」「きれい」と言ってくれ、デレデレする
❿ TVを見ながら手を繋いだり、スキンシップがある
⓫ 不意に髪を撫でてきたり、頰を撫でてくる（寝てるときにキスなど）
⓬ 買い物した荷物をすぐに持ってくれる（重い荷物を持たせない）
⓭ 妻の好きな飲み物をいれてくれる（コーヒー、紅茶）

などなど、些細なこと。でもこの些細なことが女性からすると、宝物扱いされているような気持ちになって心が癒されるのです。

**女性の扱いってね、性行為があるとかないとかそういうことではなくて、宝物のように大切に扱われているかどうかってことなんですよ！**

宝物扱いされると夫に対してあたたかい気持ちになって、ますます妻も夫に優しくなれます。でも阿吽の呼吸の同志的な関係だと、この宝物扱い感があまりないので、お互いに男性性、女性性を満たせずにモヤモヤしてしまうのですよね。

**男性は力強く、好きな女性を守り幸せにしている実感が欲しいし、女性は肩肘張る必要がなく、弱さを出しても受け止めてくれるような人に守られたいのです。**

男性の力強さも、女性の弱さも、意識していないと失われてしまいます。男性は妻に甘ったれて「僕できないもん」と息子化しがちで、女性は「ちょっと！　しっかりしなさいよ！」とオカン化しがち。こうなってしまうと、夫婦としてのラブい関係からほど遠くなってしまいます。

中にはそれが寂しくて外の世界に異性（恋）を求めるようになる人もいます……。

外の異性への恋心という魔物から夫婦を守るために（貴女だって恋に落ちてしまうかもしれません！）、そしてどこか満たされない心を満たすために、できることをしていきましょう！

まずは夫の耳からラブを吹き込むのです（ニヤリ）。

## ついサバサバ声、素の声で話していませんか？

ぶっちゃけお付き合いが長くなったり、母親になると、お付き合い当初のような甘い声で夫に話しかけることがなくなってきます（え、貴女は違う？）。

「ちょっとヨシオ君、お風呂入れてくれる〜？」とリビングから大声で話しかけた瞬間、子どもが味噌汁をこぼす「こらちょっと！　だから言ったでしょ！」

気がつけば、ガナリ声（そんな自分にげんなり……）。

こうなって当然だと思いませんか？

もちろん私だってそうです。３６５日24時間、母親業をやりながら夫ににゃんにゃんな感じで話せるワケがありません！

でもあまりにも常にサバサバテキパキ、素の声で話し続けると、夫に甘えたりすることが恥ずかしくなってしまいます。**夫に対してラブスイッチが押せなくなってしまうのですよね。**でもここは男女としての愛をあたため直すための頑張りどころ！

こんな感じでメリハリをつけて夫に話しかけてください。

## メス力 耳から女を意識させるラブ

❶ お願いごとがあるときはいつもよりワントーン声を高めに「ダメ？♥」「お願い♥」と可愛く言ってみる
❷ 夫に抱きついてすりすり「ふふ、いいにおい」と甘い声
❸ 出勤する夫に「なんか忘れ物ない？」とニッコリ、キスやハグをおねだり
❹ 夫の裸に「もう（照）。お着替えして！」と可愛く怒る（本当はどうでもいいw）
❺ 夫からの軽いお願いを断るときは「ごめんね」としおらしくしてみたり、「や〜だよん」と可愛くツンツンしてみる（可愛く！　お茶目に！）
❻ 夫がからかってきたら「もう、嫌いになるよ」と可愛くプンプンしてみる
❼ 目が合ったら「ん？」と可愛く首を傾げる
❽ Hのお誘いは色っぽい声で「ダメ……？」など（萎縮しない誘惑する！）

「ちょっと！　神崎さん！　今更ぶりっ子なんかできないわよ」と言わずにぜひ**ほんの一瞬からでも**取り入れてください。すると夫に変化が起きてきます！

## 夫心理　男は可愛い雰囲気を拒めないぜ！

男性がなぜあざとい女性やぶりっ子な女性を甘やかしてしまうのかって？　もう、脳に「これは俺の敵ではない！　守って甘やかしてあげる存在だ！」って指令が出ているとしか言いようがないのですよ！

逆に同じ内容でもキンキンヒステリックな声や、メソメソ泣きながら責めるような声で言われると「敵発見！　狙撃すべし！」「俺を責めるヤツだ！　話を聞くな！逃げろ！」と**戦闘&逃避モード**に**突入**してしまいます。

**それくらい女性の声色には男性の本能を直撃する力があるということです！**

３６５日24時間とはいかなくても、「ね、お願い♥」と甘い声で頼み事をしてみたり、「おい、昭和か！」くらいのぶりっ子を**夫限定でサービス**してください！

先ほどもお伝えしましたが、これは夫にとって「家庭内に味方がいて、しかも守るべき対象だ！」というサイン。味方の存在に癒されると同時に、庇護欲も刺激されて、男らしいいい気分になるのです。妻だからこそ、夫にぶりっ子。そうして夫婦関係にラブをプラスしていきましょう！　サービスサービスです！

まとめ

男性は女性の甘い声にめっぽう弱い（メロメロ〜）。
本能的に男らしさ（庇護欲）を刺激され、夫の息子化を防げる！

# 愛情たっぷりのお手紙で夫婦関係をあたため直す！

さぁ、皆さまラブの授業です♥　夫にお手紙をしたためましょう！

未婚メス力では愛情たっぷりのお手紙は禁止でした。そうやって好意を伝えると男性を安心させてしまい追われなくなり、結婚が先延ばしになってしまうからです（先延ばしになるとイライラし、今度は手紙や長文ＬＩＮＥで責め立ててしまうことも……）。

**でも追う追われる恋愛から卒業した既婚者にその心配は不要！**　思う存分夫にお手紙を書きましょう！

**ただ自己満的な内容ではなく、ちゃ〜んと夫の心をポッとあたたかくする内容がメス力的にオススメです！**

どんな内容が夫の心を摑むのか？　愛のお手紙講座始めます〜♥

夫心理 感謝と尊敬と「私幸せ」手紙に心ほっこり！ 家族を大切にするぞ！

もちろん愛してる大好きと伝えてもいいのですが、**男性の心にグッと刺さるのは、感謝、尊敬、そして「私、幸せ」**などです。

自分の存在がありがたがられ、そして妻からリスペクトされているお手紙を読むとシンプルにニヤニヤします（笑）。そして夫は妻を幸せにしている実感に飢えているので、「貴方を愛してる」より、「私、幸せ！（感謝や尊敬に満ちている貴方と結婚できて）」の方が刺さるのです！

これからいくつか例をご紹介します。参考にしてくださいね。

メス力 お誕生日のお手紙は、その1年夫婦で乗り越えたことへの感謝

ヨシオ君、34歳おめでとう！

いつも家族思いで、仕事がどんなに大変でも私やメリ丸のことを気遣ってくれる姿、人として、夫として、そしてパパとして**ありがとうの気持ちでいっぱい**です！

私の親が倒れたとき、パニックを起こしている私の背中をさすって落ち着かせながら色々手配してくれたときのことよく思い出すよ。**この人と結婚してよかったって本当に思ったよ。**面会で毎日病院に通って不在しがちになることも嫌な顔ひとつせず、サポートしてくれたことにも**心から尊敬**します。本当に貴方と結婚してよかった。私だけじゃなくて家族のことも思ってくれてありがとう。どんどんいい男になっていくヨシオ君と、**幸せな結婚ができて本当に私ラッキー**だね（笑）。

これからもずっと仲良くすごそうね！　メリ子より

**ポイント**

❶ 夫がどんな風に家族（妻）を大切にしているのかを書き出して、それに感謝と尊敬を伝える

❷ 特に繰り返し思い出すエピソードについては具体的に触れる

❸ 私はそんな貴方のおかげで幸せ！　で締める

メスカ

昇進した夫への手紙は、尊敬とおねだり！

ヨシオ君、昇給おめでとう♥
このために毎日遅くまでお仕事して、コツコツお勉強もして、今の自分で満足することなく進んでいく姿、**カッコいい**なって見ていました。**私はマイペースに過ごしていくタイプだから、そんなヨシオ君のこと尊敬**します♥ 自慢の旦那様だよ♥
そんな素敵な旦那様（笑）とたまには二人でお出かけしたり、ゆっくりお話ししたいなって思っています♥ また、〇〇にも行こうね！
本当におめでとう！ 大好きです♥

**ポイント**

❶ 夫の頑張っている姿を尊敬の心で見守っている感
❷ 自慢の夫と伝える
❸ ❶、❷の後に二人の時間を我慢していたことを、「尊敬する貴方とデートしたい」という形で伝える。夫は「確かに我慢させていたな」とこの流れであればすんなりと受け入れてくれる（多忙を責められると義務感から時間を作ってはくれるが……）
❹ 心からのおめでとうで締める

## メスカ ランチに元気チャージ！ お弁当へのラブふせん

❶ 「今日の○○頑張って！」「ヨシオ君ならデキる！」「勝つ♥」「久々のスーツ姿カッコよかったよ♥」など仕事で特別なことがある日はハッパをかけるひとことを添える

❷ 「おつかれさま！ 雨で冷えるね！ 夕飯はほっこりおでんだよ♥」
「冷やしうどん弁当です♥ 涼んで午後も頑張って♥」
「一週間お疲れさま♥ お刺身と日本酒で晩酌しようね♥」
「今夜のディナー楽しみに仕事頑張りま～す♥」

など、夕飯に楽しみを作って午後を乗り切るパワーを与える。**また男性は季節感のある言葉に弱い**（女性らしい美しい感性に癒される）！ 寒いときにはあたたまるような内容、暑いときには涼めるような内容を意識すること（ただ、「暑いね～」だけだと意味がない）。**ふせんを季節やイベントによって変えてもOK！**

またあくまでふせんなので、**捨てられてもショックを受けないような、ライトな内容とサクッと読めるボリュームを意識すること！**

## メス力 喧嘩の後の謝罪のお手紙

ヨシオ君へ。

**昨日は「私のことなんて何も考えてない」なんてひどいことを言ってしまってごめんなさい。忙しい中でも私が少しでも楽になるように仕事の調整とか頑張ってくれたり、私を起こさないようにそっと帰ってきたりしてくれているのわかっているのに、ひどい言い方をしちゃった。**

私が落ち込むことがあったときも、あたたかい言葉をかけてくれたりいつもそういう**大きな愛情に感謝しているし、ヨシオ君は尊敬するところがたくさん**あるよ。

最近ね、ヨシオ君のお仕事が忙しくて二人の時間がなかなかゆっくり取れなくて**寂しかったんだ。**仕事のことで寂しいって言うのはおかしいって我慢してきたけど、**私にとってヨシオ君と過ごす時間は本当に人生で大切なものなの。ヨシオ君のユーモアとか、考え方とかなにげない雑談してるだけで癒されるの。**

その時間が取れなくて寂しくてイライラしてあんなことを言ってしまったのだと思う。もっと素直に一緒に過ごしたいって伝えるべきだったなってあの後思ったよ。

**傷つけてしまってごめんなさい。**

**ポイント**

❶ 謝罪の手紙はまず明確に「貴方に私は～してしまってごめんなさい」と伝える

❷ 相手が自分にしてくれていることに、気がついていると伝える（日々の優しさ）

❸ それについて感謝と尊敬を伝える

❹ そしてきちんと**なぜ自分はそんなことを言ってしまったのか？　してしまったのか？　自分を偽らずに掘り下げて伝える**

❺ 夫の長所を伝えつつ、貴方とうまくやっていきたいという希望も伝える

❻ そして相手を傷つけたことへの謝罪

❼ けして相手を責めない嫌味を言わない！　軽々しく離婚というワードを使わない！

多くの女性は、明確な謝罪ができません。でも男性はただ「ごめんね」と言われて

も、「何に対して？」と感じてしまいます。しっかり自分が悪いと思っていることに触れましょう。また❹のなぜ『ど本命クラッシャー』してしまったのか？　自分の心と向き合うことが何よりも大切です。

ほとんどの場合、夫がかまってくれなくて寂しい。夫が自分を軽く扱っているようで悲しい。こういう気持ちが潜んでいます。それを人は相手が悪いかのように話をすり替えてキレる原因を作り出しているのです。

**これはアドラー心理学の『怒りの原因』と呼ばれるもの。人は不安や恐怖など、自分が受け入れたくない「第一次感情」が芽生えたときに、それを隠すために怒りという感情を利用するそうです。**

夫に対して怒りの感情が芽生えたとき、その奥底に「大切にされてない気がする」「寂しい」「もっと家族を大切にしてほしい、ほっとかれているようで切ない」などの感情が潜んでいないか？　自分を偽らずに心の声に耳を傾けてください。

❶～❸の流れを踏まえた上でそれを夫に伝えましょう。

「どうして貴方は家族（私）のことを考えてくれないのよ！」と責めるより、「**尊敬する大好きな貴方ともっと過ごしたいの、寂しい**」と伝えた方が「それは俺も悪かった」と男性も受け取ってくれます（妻のラブが伝わって庇護欲がかき立てられるのですわ！）。

## 怒りの感情を掘り下げると
## メス力が武器として生かされる！

**そして夫に対して怒りや不満の感情が湧いたときに、本当は自分はどうしてほしいのか？　考える癖をつけると、夫婦喧嘩が減ります。**

「あ、私、夫が家事最近サボってるからイラついてるんだ！　なんか家事を押し付けられて雑に扱われてる気持ちになるんだわ……」「確かに、最近メス力サボってたし、私が率先して動いちゃってたわ！」と原因に気がつけるようになります。

すると「家事を私に押し付けないで！　最近サボりすぎ！」と喧嘩を売らずとも、前章のリスペクトのメス力を使い「ヨシオ君、一緒に家事しよう～♥　私洗濯物干すから、食器洗いお願いしてもいい？」など夫婦の流れを軌道修正することができるようになります（メス力が知識を超え、武器として使えるようになります！）。

夫婦喧嘩についての余談が長くなりましたが、大切なことを最後にお伝えします！

**お手紙の返事は期待しないこと！**

日本人男性はただでさえ口下手な方が多くお手紙も苦手な方が多いのです。妻が夫の思いやりある行動に目を光らせて、それを感謝としてお手紙で届けてあげましょう。そうして夫が尽くしてくれる流れを妻がこっそり作りあげるのです♥

**愛の言葉より、愛ある行動が夫からのお返事ですから。**

まとめ

お手紙の目的は「貴方に感謝しているし、尊敬してる！おかげで私は幸せ！」を伝えること！　そうして夫の「可愛いな〜w」スイッチ、庇護欲スイッチを連打すべし！

既婚メス力 格言

4

ひとりの人と
一緒に老いていける喜び、共白髪
いつか離れてしまうと思うと
命って儚くて悲しい
後悔しないように、
愛を持って生きたい

# 多忙なとき、一日数秒のメス力で夫婦ラブを保温せよ！

「夫と仲良くしたい気持ちはあるけど……毎日バタバタで子どもと家のことに追われてメス力できません！　メリさん助けてください（涙）」

メス力婚の方が増えるにつれ、こういうお悩みもたくさん届くようになりました。

夫を気遣う余裕がなくて、つい悪気なく夫を雑に扱ってしまって（口調が厳しくなってしまったりな……）。するとやっぱりだんだん関係が冷え込んでいくのがわかるんですよね～！

でもカップル時代みたいに彼氏（夫）に全集中していられない瞬間って増えるじゃないですか、当たり前に。そんなときにうってつけのメス力をお伝えします！

## 夫婦関係は明るい挨拶とおやすみのハグで保温せよ！

先ほど、同志化しないために、夫に可愛い声で話してくださいとお伝えしました。**究極余裕がないときはこれを挨拶だけに全フリしてください！** 家庭内で交わされる挨拶は妻が思う以上に、夫の心に響きます。愛情が伝わる挨拶をご紹介していきますよ。

メスカ

### 夫の心をホッとさせるラブたっぷりの挨拶

❶ 毎朝貴女から「おはよ〜♥」「お♥は♥よ」と明るい声で挨拶する

❷ 夫が先に家を出る場合、玄関でお見送り「雨だけど気をつけてね♥」「暑いけど頑張ってね♥」「夕飯〇〇（夫の好物）だからね♥」「今日のプレゼン頑張って♥」「昨日の〇〇ありがとう♥」「登園につきそってくれてありがとね♥」「今日もカッコいいよ♥」などひとこと声をかける（カッコいいは男性が大好物な言葉、お仕

事にヤル気でますw）

❸ バタバタで玄関まで行けないときは明るく大きな声で「いってらっしゃ～い♥」

❹ 妻が先に出る場合「お見送りして～♥」とリクエストし「いってきま～す♥」と笑顔で出かける

❺ 夫の帰宅は玄関まで「おかえり～♥」と出迎える（幼児がいればできれば一緒に）

❻ 手が離せないときは「おかえり～♥」と大きな声で声がけ

**※すべてにおいてハグをセットにするとなおヨシ**（ラブ100倍！）

日々細かいメス力ができないときは「ヨシ！　挨拶だけはちゃんといい感じにするぞ！」と意識してくださいね。あっという間に習慣化されますし、自分も気持ちよく一日をスタートすることができます。

それと、朝の出勤時に前日の喧嘩を引きずったままツンツンしていたり、嫌な言葉をかけたり、無視するのは絶対にやめてください。**既婚男性の事故**（特に運転される方）**には朝夫婦喧嘩した方が多いそうです。**だからモヤモヤしていてもちゃんとお見送りをすること。これに慣れると朝「昨日はごめん」「こちらこそごめんね」と素直にお互い謝れるようになります。変な意地を張って一生後悔することないように！

## それすらできなかったときは「おやすみのハグ」でオキシトシン分泌せよ！

「あ〜バタバタしてていい感じに挨拶できなかったな」「最近、お互いコミュニケーション不足……ゆっくり話す時間もない（こんな時間！　寝なきゃ）」「ぶっちゃけ私も疲れてて労ってほしい！　でもそれ話しだしたら喧嘩になりそう」「今の私……話したいけど、そんな時間も余裕もないねん（泣）！」

こんなときはおやすみのハグをおねだりしてみてください。

### メスカ　一日の疲れを癒してオキシトシン分泌するラブハグ

❶「ヨシオ君、今日疲れたよ〜、ハグして〜」とおねだりしてハグ

❷「さっきはごめんね……」と手を広げて謝罪のハグ

❸「子どものことで頭いっぱいで……ちゃんと話聞けなくてごめんね」とハグ

❹「ゆっくり話したいよ〜、寂しい」と甘えてハグ

❺「先に寝るね、お疲れさま」とハグ

❻ハグをおねだりして「癒される……♥　おやすみ」

**おやすみ前に『素直なひとこと』を添えて、甘えてハグをおねだりしてください。こうして一日一瞬だけでも、愛らしく甘えるだけで夫婦間の愛情が保温され続けます。**

夫心理　ここ（家庭）は俺の癒しの場だな……（ホッ）。

例えば美味しい手料理を作り、お家の中をピカピカにキープしていても、妻が不機嫌そうだと男性は癒されません。むしろ「俺はこの人のこと、幸せにできていないんだろうな」と罪悪感を刺激され居心地が悪く、あまり家庭によりつかなくなってしまうのです〈おいおい、逃げんなや〉。

もちろんお家の中が整っていて、美味しい手料理をたくさん並べた方がいいのには違いないのですが、共働きの多い現代でそれを妻だけに求められても「いや、貴方もやってよ！」案件です〈リスペクトのメス力で夫にもお家のことしてもらってくださいね〉。

**それよりも、とにかく人間界は挨拶が基本！**（押忍！）

挨拶がいい人ってそれだけで好印象。それは家庭内でも同じこと。外の世界で色々なことがあっても、**妻の明るいおはように励まされ、いってらっしゃいに奮い立ち、おやすみに心が癒される。夫にとって家庭が癒しの場になるのです。**

明るく挨拶されると「結婚生活、ちゃんと幸せそうだな」と安心しますし、甘えながらハグを求められると庇護欲が刺激され、妻に対して優しい気持ちになるのです。

**しかも考えてみてください、明るい挨拶をするだけでそれが叶うなんてやらない方がもったいない**（無料やぞw）。

## 貴女自身も癒されるために、ハグは必要！

忙しい結婚生活の中で二人でじっくりと会話をしたり、イチャイチャする機会が減って寂しい。それに私だって疲れていて労ってほしい……。

妻側だって癒しを求めています。

でもどうしても男女は価値観が違うもの。夫に**共感**を求めて自分の辛さを訴えるために長々と話をしても、夫はどうしても**解決**してあげようと、アドバイスをします。すると妻は（私がダメってこと!? そうじゃなくて共感して慰めてよ！）とむしろイライラしたり、**夫すら理解してくれないとますます孤独感を募らせてしまうのです。**

そんなときは「疲れているからハグしてほしい」「今日嫌なことがあったんだよね……」とハグを求めて、ギュッと抱きしめてもらうだけで心が落ち着きます。**自分には甘える場所がある。夫という味方がいると実感するだけで、女性もまた、励まされ、奮い立ち、癒されるのです。**

でも多くの夫は、まさか優しくハグするだけで妻の心がホッとすると知りもしません。だからハグをおねだりして「癒される♥」「ホッとする♥」と妻は伝えてあげる必要があるのですよね（学習させるのです！）。

疲れたときは、貴女のためにも一日一回、ハグをおねだりしましょ。**約20〜30秒のハグでオキシトシンが分泌すると言われているので。夫から摂取しましょう**（笑）。**夫の胸板に思う存分、すりすりするのです！**

遠慮はいりません。夫婦は最強の他人ですから。

忙しさは夫婦関係をギスギスさせがちです。ラブを保温し続ける挨拶とハグでほかほか保温し続けてくださいね。

まとめ

多忙な人ほど、挨拶にラブ全フリ！
しかもハグで自分も癒されるメリット付き。
夫婦はお互いが安心基地である♥

# 恋愛感情を保つために、男女の距離感を忘れないこと！

「結婚したら男と女の関係じゃなくなるよw。家族家族w」「親になったら旦那のことなんてどうでもいいってw。韓ドラとか恋愛リアリティショー見てドキドキしてるだけで充分！」

私も散々言われたセリフですが、結婚し、親となってからも夫婦の恋愛感情があるかないかって本当に人それぞれだなと感じます（ある人はある！）。

どんなに情熱的な恋愛結婚をした夫婦でも、夫が家事育児を妻に丸投げし、そこに感謝すらないと妻側の恋愛感情は冷め切ってしまいます。この辺の対策については第1章のリスペクトで、夫を頼りにして家庭内に居場所を作ることで解消してください。

今回は恋愛感情を保つ距離感について。

夫婦の間で恋愛感情を保つためには、きちんと男女の距離感を意識していなきゃダメなんです。日本人は「両親が男女としても愛し合っている」というロールモデルがないまま結婚しているので、ここが間違いなく苦手です。

その結果、結婚した途端にオカンと息子の距離感になってしまうケースが多々！　するとみるみるうちにお互いの恋愛感情が冷めてしまうのです……。

## 過干渉・依存の距離感はオカンを彷彿とさせ、萎える

「ちょっとヨシオ君、○○してよ！」この距離感がオカンなのは、簡単に想像できると思います。口うるさい支配型お母さんそのものですよね。念のためにお伝えしておきますが、**ガミガミお小言妻はリスペクトゼロなので恋愛感情が消えてしまいます。どんどん夫の男性性**（いい意味での男らしさ）**を潰して、妻側も夫が息子にしか見えなくなります。**第1章を読み返して夫への接し方を変えてください。

そして次にあげる距離感も実はオカン（アカン！）です。

恋愛感情から、家族感情（いい意味でない）に変化させてしまうので、要注意！

**恋愛感情を急速冷凍するオカンなふるまい**

・夫に「何考えているの？」「何見てるの？」とよく聞いてまとわりつく
・夫が誰と連絡を取っているか把握しないと気が済まない
・夫がお小遣いを何に使ったか？　気になって確認する
・常に夫に話しかけてしまう（話を聞いてほしい、かまってほしい）
・夫がゲームや趣味に時間を使うと寂しくて文句を言ってしまう（家事や育児を終えた後でも）
・夫が自室で作業しているとほっとかれたような寂しい気持ちになってしまう
・夫がプライベートで出かけたときのことを「どうだった？」と根掘り葉掘り聞いてしまう（本当に女がいなかったか？　不安な心理から）
・夫がAVを見たり、自慰行為していないか気になり探る
・夫が暇そうにしているとベタベタスキンシップしてしまう（TV視聴中など）
・夫の帰宅が楽しみで、帰宅するなり「聞いて〜今日ね」と話しかけてしまう

一見、夫ラブな妻じゃありませんか？　ガミガミオカンと違って、ずっと夫を思う

乙女な妻なような……。**でもこれ、いつまでも息子から子離れできないオカン的な距離感なんです！**　根底には「この人のこと信用できない！」という不信感があって、過干渉し依存してしまっているのです。

正直に言います。夫は貴女のこと、こう思っています。

## 夫心理　過干渉な妻はウザい！　無意識に距離を取りたくなる！

そう、そうなの。ウザいんです（号泣）。

いい年した息子に「ヨシオく〜ん、何時に帰ってくるの？　ママお迎え行こうか？　会社の飲み会？　あら、ママ挨拶しなくて平気かしら？」って依存している母親みたいで。

「ちょっとはほっといて！　息子息子じゃなくて！　自立して自分の人生送って！」って思われてしまう感じ。すると息子は母親から距離を取りますし、何を聞かれても「別に……（言うといちいち干渉してきてめんどくせぇから黙っとこ）」と**小さい嘘を吐くようになったり、隠しごとをするようになります。**

これは妻に対しても一緒。

社内の飲み会や同窓会に女がいるだのいないだのギャーギャー騒がれると「女？いないよ」と嘘を吐くようになったりします。その女性のことはどうでもよくって、妻がめんどくさいからです。

自宅にいるとベタベタまとわりついてきて「何考えてるの？」「ねぇ聞いて〜」とぼんやりすることすら許されなくなって疲れてしまうので、駅や車内で時間を潰したり、無意味に残業するようになってしまうのです。

**過干渉、依存をすると男性は息苦しくなって距離を取り、正直恋愛感情どころじゃなくなってしまうのです。**

そして妻側にも危険。オカンの距離感になると、どんどん夫の欠点ばかりが目につくようになります。「なんか老けた？」「寝起き、男臭い……」「ん〜。大好きだけどHはしたくないかも」「後ろ姿のお尻、情けないな〜」

**生身の人間なんて、情けなくて、だらしない部分もあって生活感だらけ！**

夫に過干渉、依存してじ〜っくり観察すればするほど、そういう部分も直視しすぎてしまうことになる（夫、最近お腹がポテポテしてきたし、まだ独りHなんてしてるんだ？　夫の男の顔、キモっ）。

夫への恋愛感情が薄れて、家族感情になってしまうのですよね（わざわざ自慰行為の痕跡探すなよって話やw）。

## 恋心を継続させるには距離感が必要！

男女が恋愛感情を長く保つためには、距離感が重要です！　夫と近づきすぎた方は距離感を調整してみましょう！

### メスカ　夫婦の恋愛感情をキープする、ほんのり放置な距離感

❶ 夫が脳内で何を考えているか探ろうとしない

❷ 夫が帰宅したら愛情たっぷりに出迎えて、その後はしばらくほっとく、間違ってもいきなり「今日ね〜聞いて」とマシンガントークして疲れさせない！

❸ 男性は自宅でリラックスして仕事の疲れを癒したい、なので家事育児が落ち着いたら自由時間を与えること（貴女と話しても趣味しても寝ても〇Kという自由）

❹ TVや趣味の邪魔になるような感じでベタベタしすぎない（並んでTVを見るときはそっと触れるなどが◎。スキンシップに色気、奥ゆかしさはありますか？）

❺ 基本用事がなければご機嫌に自分のことをしてほっとく。話しかけられたらきちんと聞く、ウケ狙いは笑う（「スベってるよ！」と笑えばいいw）

❻ 夫婦の時間が欲しいときは「金曜日、一緒にでかけよ♥」「今夜一緒にTV見よ♥」「最近寂しい。～一緒に○○しよ♥」と素直に可愛くリクエストする、寂しさは我慢する必要なし！

❼ 時間をしっかりと作って聞いてほしい話があるときは「後で聞いて～」「今、話聞ける？」と予告をし、「相談なんだけど」「慰めて～」と目的を伝えると、男性はしっかり集中して聞いてくれる（目的がわからないと男性は集中できず、その様子を見て女性はイライラする）

❽ 貴女の話を聞いてもらった、一人の時間や二人の時間を作ってくれたのなら「～してくれてありがとう♥」と伝えること！　夫も自分の自由時間に対して「ありがとう」と感謝の意識を持つようになる

❾ 夫が疲れているときはほっとくこと！「どうしたの？　私にできることある？」とチョロチョロするより、好物（コーヒー等）出して放置に癒されます

❿ 雑談は楽しむ（議論しない、論破しない、説教しないは大前提）

⓫ 「考えごとしたい」「ちょっと今一人になりたい」は妻を否定しているわけでは

ない、男性は一人で考えたりぼ〜としたいだけ、悲しんだり責めたりしないこと

⑫夫が出かけたいときは了承し、無意味に束縛しない。どうしてもNGなときは「その日はどうしても私もワンオペ無理そうだから別の日にしてほしい」と我慢せず伝えること

⑬貴女も一人時間を大切にすること！「でも夫の晩御飯が」「子ども任せるのは」と萎縮&遠慮しない！　自分の時間や人生を大切にしている女性は魅力的です

「このメス力実践したら、夫との距離感が離れそう……」

逆です。今まで貴女が距離感を詰めすぎたのです。日常でラブたっぷりにふるまい、リスペクトで共に家庭をしっかり運営してもらう。

**後は夫の好きにさせてください。**

**夫に意識を全集中させるのをやめて、ほんのり放置するのです。**

この距離感こそが、夫が妻への恋愛感情を持ち続けるための距離感だからです。

夫が赤の他人の男であることを忘れないでください。オカンの距離感になってしまう人、厳しいけれど言わせてください！

**「なんでも許されると甘ったれて干渉してんじゃないわよ！」**

**過干渉と依存は我が子ですら逃げます！　女どころか、毒妻の距離感になっちゃってませんか！**　ダメです。貴女の魅力が全部無力化します（号泣）。

夫に恋されると幸せなのでこの距離感を保つことがイージーになりますよ。

**「干渉？　アホらしい！　男は適度にほっとけ**w。こっちにきたらかまったらいいのよ」と思えるようになるからです（かまってもらいたいとは真逆ですよ……）。

## ほんのり放置で夫が心を開くイメトレ

イメージしてください。

貴女は愛情たっぷりで夫をリスペクトしている王女様です。夫の周りをチョロチョロして「何考えているの？」「私のこともっと愛してイチャイチャしてよ」とまとわりついたり**安っぽい行動**なんてしません。

**悠然、優雅、ご機嫌に自分の好きなことをして、王様をほっといています。**

**ほっとく間、夫を待っているのではなく自分の時間を満喫することが大切です。結婚してからも、自分の人生を愛してください！**

**過干渉されないので王様は王女様に警戒心を解きます**（干渉する女は警戒されます）。するると王女様（家庭）の存在自体が安らぎとなって、一番に話を聞いてほしいと思うようになるのです。

**「ねぇ、何考えているの？」と嗅ぎ回らなくても「あのさ、聞いてくれる？」と相手から自己開示してくれるようになるのです。**

夫に過干渉して依存しても、夫は貴女から離れていきます。小さい嘘を吐きます。自己開示してくれようとはしません。

**距離感を保つと夫は妻への恋愛感情を持つ余裕が出てきます。**

**貴女が求めているのは義務感からの愛情表現ではなく、夫が自ら愛情表現してくれることではありませんか？**

それなら、夫を自由にしてあげて。

裏切られるか心配？　大丈夫、そのための日頃からのリスペクトとラブですから♥

王女様、ど～んと構えてくださいね！

お茶でもしばいて、自由にしてましょう（ヨシオ君♥お茶いれて！）。

まとめ

お互いに恋愛感情を維持するためには「ほんのり放置」の距離感が必須！

付き合いたての頃、夫が自己開示してくれて貴女に恋していたのは「干渉されない自由」があったからなのです！

# セックスレス化しないために知っておきたい男性心理

私の元に届くご相談で多いのが、実はダントツで性行為のこと。「セックスレス」についてのお悩みです。

巷にはアダルトなコンテンツや広告があふれていて、性風俗も多様化しているのに「どうしてうちの夫は私とのHに後ろ向きなの!?」このお悩みですよ、奥様。

交際中はあんなに求めてきた彼が夫になった瞬間に、Hをしたがらなくなる理由をお伝えしていきます。

## ズバリ、男は義務感では女を抱けない体質である!

そもそものお話をします。男性は「Hしなきゃいけない」と思った瞬間、愛していても妻を抱くことが『宿題』になってしまいます。8月31日の夜の感覚になるのです（あ〜マジ宿題やんなきゃ……）。

男性の性欲って狩猟本能や征服欲と密切な感情で、モジモジと「も〜H！　だぁめ♥」と恥じらう女を俺様の類まれなるテクニックによって、「もう！　ダメって言ったのに♥」と勝ち取り、征服するような行為ということなのです。

なので、妻から次のような形で強制されたり、義務化されると萎えてしまうのです。

## メス力　夫にプレッシャーを与える妻たち

### ❶ セックスの回数や求められることで愛されているかはかる妻

ご相談でも多いのが「付き合ってた頃より回数が減りました、愛されてないのでしょうか？」的なもの。これは妻側が夫から性的に興奮されることによって愛情をはかっていたり、「情熱的にHを求められないと女として価値がない気がする」とセックスに依存してしまっているケースです。

**男性が性行為なしでも女性を愛せることを信じていないのです。**

付き合っていた頃（特に初期）は、相手の女性への狩猟本能や支配欲が全開で、セックスの回数は多いもの。それが落ち着いてきても、妻を大切にするということは男性目線では愛なんです。愛のない女（セックス目的）なんて、Hしないのであれば会う理由なんてないのですから。なのにそれを理解せず、

「私を愛してるならもっとセックスして！　飽きてないって証明してよ！」

「最近、Hの回数減ったよね……（号泣）」

こんな風に言われたり雰囲気を感じると、男性は興奮しません。

「ちゃんと**愛してあげなきゃな……**」とプレッシャーを感じてしまうのです。

セックスの回数が減っても夫は貴女を愛していること。まずはこれを認めることです。

そして「Hしてほしい」と物欲しげにするよりも、自分時間を大切にして勝手にご機嫌にしている方が男性の本能が刺激され振り向かせたくなり（俺の女か？　本能的に確認したくなる）、お誘いされることが増えます。実際にメス力を学んで、夫依存をやめてご機嫌にしていたらレス解消したという声も届いていま す。

**妻が勝手にご機嫌にすること自体が、夫をプレッシャーから解放するのです。**

## ❷「排卵日だからよろしくね」がトラウマになる

私は男性からもご相談（愚痴？）されることが多いのですが、既婚男性のご相談で多いのが「妊活がトラウマで妻とのセックスが怖い」です。

ある方は「妻のことを愛しているから一生浮気はしないと決めている、でも妊活が辛すぎて性行為がトラウマになってる……それでも結婚記念日にはホテルを取って勃起薬を飲んで頑張っている」とお話ししていました。

男性にとってセックスは、奪い取り、勝ち取るもの。でも妊活になった瞬間に宿題になる。勃たせなきゃいけないプレッシャー。「今月もダメだった」と落ち込む妻の姿に、罪悪感（俺が雄としてダメだからか……）。そして翌月も「明後日排卵日だから、今日から連続でお願いね」と言われ、まるで素人がいきなりドームで7万人を目の前にコンサートするようなプレッシャーを感じてしまう……。

妊活は大切なことです。そして女性側もタイムリミットというプレッシャーを抱えて頑張っています。これればかりは本当に神のみぞの世界なので、女性側も辛い（泣）。

それでももし、**貴女が夫との性生活を大切にしたいと望むのであれば**、排卵日も関係なくお誘いしてください。

そして「赤ちゃんも大切だけど、私、ヨシオ君とのHも大切だから……♥」とちゃんと伝えてください。妊活ってとてもデリケートなことで、男性と女性であまりにも性に対して感覚が違います。

**「俺って排卵日だけ射精したらいい、種馬なのか？　俺のこと愛してるのか？子どもだけが望みなのでは？」と感じさせず、「私は貴方とのセックスも好きなのよ」という配慮が必要なのです**（貴方の子どもだから欲しいのですが、そのように思うようです）。

ちなみに、ある方は夫が部屋を薄暗くして映画を見ながらお酒を飲むとHしたくなるという体質を逆手にとって「今日ちょっとだけ映画見ない？」と誘い、こっそり妊活していたそうです。

## プレッシャー以外の原因

プレッシャー以外にもレス化する原因はあります。

**❶ 結婚前と見た目が激変した**

男性は女性以上に、見た目の好みがハッキリしている傾向があります。

・ムチムチ大好きな夫、妻が痩せてしまった
・ロングヘアが大好きな夫、妻がバッサリ男前ショートにした
・女性らしいコーデが好きな夫、妻がめっきりボーイッシュな格好になった

**※すべて逆も然り**

心当たりがある方は、「なんで夫のために？」なんて思わずに、見た目を変えてみるのもひとつ。そして**付き合いたての頃の貴女の雰囲気にヒントがあるはずです。**

**このときの注意点、「貴方に抱かれたいために見た目を変えたの**（うるうる）」**なんて空気を微塵も出さないこと！**　プレッシャーを与えるだけです。

「ん？　変わった？　何が？　最近こういうファッションが気分なだけ♪」くらい涼やかにしましょう。その方が狩猟本能に火がつきます。

**❷ メス力が低下している**

・夫に対してリスペクトの気持ちがなく、敵視したり見下してしまう

・感謝より文句や小言ばかりぐちぐちたれる
・メソメソウジウジ「私なんて」と卑下してすがる
・夫に対して可愛い対応をしなくなった

リスペクトやラブ不足になりメス力が低下すると、夫は妻のことがオカンに見えてしまったり妹のように感じてしまったりして、性的な対象でなくなってしまいます。**恋愛感情が消え家族感情になってしまい、近親相姦のような気持ちになってしまうのですよね**（女性でもこうなる方が多いと思います。愛はあるけど、Hはしたくない！）。

本書を参考にして、リスペクトとラブを欠かさないようにしましょう。
これで挽回できたとの声も多いです！

## ❸ 性に対して受け身すぎる

完全にレスになってしまったら、これ以前のレスの原因から改善した方がよいと思います。なぜなら妻からセックスを誘っても夫がその気になれず断ったりしてギクシャクすることが多いからです。誘いを断られると女性は（本当は男性も）、女性としての価値がゼロだと突きつけられたような惨めで苦しい気持ちになってしまいます。

まずはプレッシャーを取っ払い、日々のメス力を徹底することが先決です。

でも完全レス化していないのであれば、自分が受け身になりすぎていないか？　振り返ってみてください。別にプロ並みのテクニックを駆使しろという話ではありません。

基本は夫のペースに合わせること、でもたまには……

・「したくなっちゃった♥」と可愛くささやき誘惑してみる
・「今日は寝てて♥」と妻がリードする
・夫に前戯して「まだダメ♥」と焦らす
・「今日は○○してほしいな♥」とセックス中にいつもと違う流れをリクエストする
・時間ギリギリなときにあえて誘惑する（ささっと）

最後の時間ギリギリなときにって、女性目線だと「いや〜ゆっくりじっくり致したいし……」って感じじゃありませんか？　これはとある男性が「レス気味な上に毎回じっくりを求められるとプレッシャーが……『ダメだよこんなシチュエーションで……』って方がプレッシャー感じないこともある。レスに悩む人は試してほしい」と話していたのですよね（お手軽スリルに興奮するw）。レス気味になると、ベッドが7万人ひしめいているドームのステージと化すのでしょう……（あぁ、俺の一挙手一投足が見られてる、汗）。女性側が「ね♥ちょっとだけ♥」というシチュエーションに誘い出すこともときには必要というか、**受け身すぎずにセックスそのものを楽しむことが重要**なのだと思います。

## 夫心理 俺とのセックスを純粋に楽しむ妻だと気が楽！

男性が求めているのは「**愛情確認とか妊活とか〝理屈〟ではわかるけど、そうじゃなくて俺とのセックスを純粋に〝セックスとして〟楽しむ女**」。

あくまで雄として求められている。そういう感覚があれば、頭であれこれ考えてしまって、下半身に血流がいかないなんてこともなく、〝**本能**〟で楽しめるのでしょうね。

まとめ

深刻に考えすぎず、日々のメス力で夫婦としての絆を修復！
その上でプレッシャーを取っ払って夫の本能を刺激すべし！

既婚メス力 格言

5

付き合いたての頃の
LINEを見返す
文面から好きがダダ漏れしてる夫
最高に乙女な自分に
照れてニヤニヤ
「あれから幸せになったよ」
ってあの乙女に言えるように

# 今更なんて言わせない！「ラブのさしすせそ」は愛され妻の超基本！

突然ですが、交際中の夫はあまり自分からベラベラと話さない人でした（本人いわく緊張していると主張）。結婚後の夫は豹変。常に冗談を言い（私の辛口なツッコミ待ち）、夫婦間で気軽にさまざまなことを雑談します。

何か起きたときにも話し合いをするというよりも、「そういえばあの件だけど」と雑談からシームレスに対話して意見をすり合わせて決定することがほとんどです。

この関係になったのには、ちゃんと理由があると思います。

これまで男性とお付き合いしてきた中で関係が深く長くなると「なんかこの人、無口になっちゃってつまんない……」「本音で話してる感覚がない……寂しい」「デートしてても話すことがない！」というパターンを繰り返してきました。すると何か決定事項や問題が起きたときに、相手を話し合いのテーブルに着かせるところから始まります。そしてなかなか本音を話さない相手を前にしてイライラ……（黙ってないで！）。

第1章のリスペクト不足で「無関心男」にしてしまった背景もあるのだと思いますが、こんな会話を繰り返して相手をうんざりさせてしまったのだと思います。

## メスカ 夫がうんざりするラブなし会話

❶「そんなことも知らなかったの？ それはね」と知識をひけらかしマウント

❷「そんなことより（怒）もっとすることあるでしょう」と謎に説教開始

❸「ふ～ん」と興味ないの丸出し（夫の趣味の話されても……）

❹「それよりさ～聞いてよ！ 昨日A子と会ったじゃん？」と会話泥棒

❺「忙しいから後にして！」「ていうか見てて忙しいのわかんないの？」とキレる

これ、ぜ～んぶやっておりました。ぜ、ん、ぶ（ニッコリ）。

そりゃ男性が心を閉ざすわけですよ、奥様！ そもそも女性よりおしゃべりな気質じゃない男性が妻に話しかける心理を知っていれば、こんな対応してなかったと思います。

**夫心理 世界中の誰でもなく、妻に話を聞いてもらって褒めてほしいの！**

男性が女性に話しかける会話の目的は、**好きな女に褒めてほしい！** これでしかありません！ **地球上の他の誰でもありません、貴女に褒めて認めてほしいのです！**

男性は〈基本的には〉女性よりもおしゃべりじゃない傾向があります。でも、自分を褒めて認めてくれる人には心をオープンにして色々なことを話してくれるようになります。誰にも話したことのないトラウマのこと、将来の野望や夢、今日仕事で感じたこと……。

夫が妻に認められたいという愛情に気がつくことができれば、妻もそれに対してラブを持って返答することができると思います。

**ラブのさしすせそは多忙だからこそ使える！**

夫を褒めて認めてあげるのにうってつけなのが「ラブのさしすせそ」です。きっと皆さまも一度は耳にしたことがあるはずです（モテのさしすせそや恋のさしすせそなど）。

## メスカ 今更だけど、愛され妻の超基本！ ラブのさしすせそ

**さ** さすが（さすがだね さすがじゃん！ やるね～！）

**し** 知らなかった（知らなかったわ 教えてくれてありがとう 色々知ってるよね！）

**す** すごい（すごいね！ すごくない？ 本当に？ すご！）

**せ** センスいい（センスいいよね ヨシオ君に選んでもらってよかった♥）

**そ** そうなんだ（そうなん？ そうなんだね！ そっか～！）

「ね～w。恋愛中でもないのに『すご～い♥』なんてやってられないんだけどw」とお思いの奥様、多忙な妻だからこそこの「さしすせそ」が使えるのですよ！

皆さま、正直夫から話しかけられても「仕事（子ども）のことで頭いっぱいで入ってこない……」なんてことありませんか？ そんなときこそ「ラブのさしすせそ」です。

## メス力 「ラブのさしすせそ」でいったん夫を受け止める

夫「仕事でこんなことがあって〜。部下が使えなくて俺大変でさ〜（褒められ待ち）」

妻「そうなの？　すごいね！　色々頑張っててさすがだわ♥　今仕事のことで頭いっぱいだから、後でまた聞かせてくれる？（ニコっ）」

妻「そうなの？　すごいじゃん！　早くゆっくり聞きたいから一緒に洗濯物干そ♥」

と夫の話したい褒められたい気持ちを受け入れて満たしつつ、「また後でね」「一緒に○○済ませちゃお♥」と提案すると角が立ちません。夫の欲求を柔らかなラブによってキャッチしたからです。

また、ラブのさしすせそはただ「すごい」「さすが」と連呼するのではなく、こんな風に**会話にちりばめるのが正解**です。

## メスカ ラブのさしすせそは会話にちりばめよ！

夫「いや〜参ったよ！　新規のプロジェクトが炎上してるって話したじゃん？　前に話したと思うけど、クライアントにやばい人がいるんだよ。そいつが話引っかき回して……」（長々と話し出す）

ここで夫に語らせます。「そうなの？」「そうなんだ！」「（うんうん）それで？」とさしすせそを合いの手に入れて。うっかり会話泥棒や「それは貴方の仕事の仕方もよくないと思うわよ」などお説教しないように！

妻「はいはい、やばいクライアントってAって人よね？　**前に話してた**（覚えているアピール）、しかもその案件って行政系にも関わっててニュースになってなかった？　**知らなかったけど、すごいよね！**　その状況、私だったら耐えられないな〜。ほんと、ヨシオ君は**すごいよ！**」

夫は貴女に認めてもらって心が落ち着きます。
そこでさらにこうたたみかけてください。

妻「ほ〜んと世の中っていろんな人いるよね……家事までしてくれるスーパーマンと結婚できて私幸せだよw。ていうか、洗剤も詰め替えしてくれてたでしょ♥ ありがとう！」（すごい、さすが！ 感を出す）
妻「え〜そんな大変な中、チケットのこととか調べてくれたの？ ありがとう〜♥ 気の遣い方がさすが♥ ヨシオ君を見習ってほしいな〜！ クライアントさんもw」

思い出してください、貴女は王女様です。外の世界で戦って「やれやれだぜ……」となってる王様を讃えるイメージを思い描いてください。
なお、ここであしらうとしつこく「俺は大変なんだよ！（褒めて！ 労って認めて〜泣）」とあらゆる形でアピールしてきます。ため息ついて「仕事ダルい、行きたくない」としつこく言ったり……。これは妻に受け入れてもらえなくて、寂しくてカマってちゃんになっているのです……。

こんな風に「ラブのさしすせそ」で夫の思いを受け止めると、夫の心はポカポカです。「この人と結婚してよかった」という気持ちと「家族を守るんだ！」という誇らしい気持ちに満ちます。

さ〜て奥様、ここからが貴女のターンです！

**お願いごとがある方はここでおねだりしちゃいましょう。**

## メスカ さしすせそ＋おねだりメスカ

妻「そういえばドライヤー買い替えたいの♥　ボーナスで買い替えてもいい？（リファ数万円……w）」

妻「来週金曜日、夜出かけてもいい？　友達が上京してるんだ（子どもよろしくね）」

妻「ホットクックって知ってる？　あれ欲しいの！　時短になったらヨシオ君との時間も増えるし♥」（くどくど説明せず、明るく可愛く♥）

妻「今日、ヨシオ君のご飯食べたいな♥」

説得や話し合いせずに、成功率があがりますよ（ニヤリ）。

まとめ

夫は妻に褒められ認められると寛大になる。
ラブのさしすせそは「安っぽい媚び」じゃなく夫婦の潤滑油！

# すれ違いの原因になりがち！
# 夫婦ＬＩＮＥのメス力

独身女性に向けてお伝えしていること。「皆さ〜ん！　ＬＩＮＥの頻度をあげようとするよりもさっさと本命婚を目指しましょ〜！」

だって奥様、入籍したらＬＩＮＥの連絡頻度なんかじゃ悩まないじゃないですか？

「ごめん、帰りに牛乳買ってきて」って生活情報ばっかりやり取りして、「夫からの返信遅い！　私への愛情が冷めたの？」って悩むより、即レス夫に「仕事ちゃんとしてんのか？ｗ」と思っちゃったりして。

結婚前と結婚後のＬＩＮＥって位置付けが大きく変わり、それによってメス力も変化します。例えば彼氏には「愛してるよ♥」とあまり送らない方がいいですが（追いかける側になりがち）、夫へは「愛してるよ♥」と送ってもいいように。

その辺の変化や、ＬＩＮＥでしない方がいいことをお伝えしていきます。

## すれ違いの原因！　長文を送りすぎないこと！

未婚メス力では『LINEは基本、3行！　明るくサッパリ』が鉄則でした。これはある意味、夫婦になっても同じです。

男性へのLINEは直感的に読めるものを意識した方がすれ違いを生みません。忙しい合間にLINEを開いたときに「あ、思ったより長文だな。後でちゃんと確認しよう」と返信を後回しにされそのまま既読スルー（悪気なく）になってしまったり、ざっくりと斜め読みをされた結果「そんなこと送ってないよ！」と誤読されてしまったり……。

業務連絡ほどLINE画面を開いて「あ、なるほど！」と一瞬で理解できる内容を意識しましょう。

### 夫心理　お気持ち混同した業務連絡なんて解読難しくね？

女性が送りがちな「日常の話からスタートして、本題に入る」パターンのLINE

ですが、男性には解読の難易度が高すぎます！　**それに返信するにあたって触れないといけなそうなポイントが多数で、相手に不親切です！**

×「お疲れ～！　さっきメリ丸の予防接種連れて行ったんだけど、やっぱりギャン泣き。機嫌治らなくて大変だった（泣）。ベビーカー拒否られて家に着くまで20分もかかってマジで地獄だよ……。ベビーカー引きずりながら抱っこしたからね……。マジでチャイシー付きの自転車早く見に行きたい。でもチャイシー拒否も聞くから不安だよ～（泣）。それで帰りにスーパー寄れなくてさ、悪いんだけど帰りに牛乳買ってきてくれない？　それと今日何時に帰れそう？」

**本題までが長いし、どこが一番伝えたいポイントかマジで謎！**

そしてこの手の「私大変だったんだよ（共感してね！　感謝してね！）」的な内容に労い**の言葉がないと妻はイラッとしてしまうし、夫といえば牛乳のことは頭から抜けて「電動チャリ見に行く日決めなきゃな」と意識が違う方向に向く**可能性大です（そして「あ、牛乳忘れた！」となるんやw）。

○「お疲れさま！　帰りに牛乳買ってきてほしいです♥」（牛乳のスクショ添付）

予防接種の件と電動自転車の件は帰宅して**落ち着いてから**話しましょう。そして**買い物をお願いするときは、写真添付がベスト**。「は？　なぜ低脂肪乳？」「は？　一本400円もする牛乳買ってきよった！」という案件を防げます（あるあるやねんw）。

## 長文で、苦情を送る、被害者ぶって責めるは夫婦関係クラッシャー！

また長文をあまり送らない方がいい別の理由に、**感情的になりすぎてしまうからもあります**。朝、夫とケンカしたイライラが収まらず長文を送りつけてしまうなどその典型です（これ、よく聞くで〜！）。

奥様、忘れちゃイケマセン！　夫といえども他人です。他人に感情をぶつけるような長文を送ってしまうのは距離感がおかしくなっている証拠です（リスペクト不足でもあるで！）。この礼儀も敬意も欠けた距離感でいると、瞬く間に夫婦の愛を冷ましてしまいます（むしろ憎しみ合う……）。

**それに男性は**（おっかない！　これ返信しない方がいいな！　火に油注ぐ！）**と既読スルーしがちです。**するとあなたはますます夫への苛立ちを爆発させることに……（「黙ってないで一言くらい返信しなさいよ！」と追いＬＩＮＥな）。

そして感情的な長文は、関係が本格的に拗れたときに**貴女が夫にモラハラしたという証拠**となってしまう可能性があります。たとえ夫が悪かったとしても証拠を押さえられたら負けなのです……（長文キレＬＩＮＥ、マジでアカン！）。

夫に腹が立ったとき、どうかＬＩＮＥで訴えかけるのではなく本書を開いて「今、夫婦関係がすれ違っているっぽい？　何が原因だろう？　私にできるメス力はどれだろう？」と立ち止まってみてください。

「じゃ、ＬＩＮＥ送るのをやめる代わりにＸにでも吐き出すか！」とＳＮＳに「うちの夫がこんなことをしでかしました！」と投稿するなんて絶対にやめてくださいね（このあと夫婦ＳＮＳのメス力を詳しく解説します！）。

ＬＩＮＥはあくまで夫婦関係の邪魔にならないように活用していきましょう！

メス力

## 夫婦LINEのメス力

❶ 明るく短文を意識する

❷ 可愛い絵文字スタンプで夫にプチ癒しを

❸ 欲しいものはリンクやスクショを添付する

❹ 「また電気つけっぱなしですけど」など言いたいこと（苦情）をLINEで送らない（仕事への意欲が鎮火するで！）

❺ 「大好きだよ♥」「愛してる♥」で愛情表現をして夫に活力を与える（長文より、一言だけだったり、締めに添えるイメージ）

❻ 「私のこと愛してる？」と問い詰めない、「愛してるって言ってくれなくて寂しい」と愛情を請わない（プレッシャーを与えます）

❼ 業務連絡が多数あるときは、箇条書きにすると伝わりやすい

❽ LINEは夫にお気持ちを吐き出すツールではないと心得る（共感、労いが欲しいなら会話の中で「今日こんなことあって共感してほしいんだけど」と話をする！）

❾ 「昨日はおかげで久々に友達と会えて楽しかったよ、ありがとう」「朝洗濯して

くれてたね、ありがとう」と感謝をマメに伝えるツールにする

## ⑩ 夫のLINEを勝手に見ない！　見るのは離婚を覚悟したとき……

カップル時代はLINEでの愛情表現は御法度でした。男性側が安心して追いかけなくなってしまうからです。追われてさっさと入籍する方が女性の心は安定します。夫婦となり結婚に焦る必要も、追いかけられる必要もなくなった今。どんどん夫にラブLINEをしてください。

**気軽に可愛く♥　夫がLINEを開いたときに思わず、ニコっとするような「今日もカッコよかったよ♥　大好き」など！**（シンプルな方が男心に刺さります！）

くれぐれも大長文で夫への愛を語らないように（日常にしては重い！）。

それはお手紙のメス力で表現しましょ！

まとめ

夫へのLINE、短文の方がすれ違いや揉めごとが起きない！
業務連絡の締めは愛情表現や
可愛いスタンプでラブを織り交ぜて夫を癒せ♥

# トラブルの原因になりがち！夫婦SNSのメス力

現代ではSNSはもはや情報収集として切り離せないツールですよね。

カップル向けのメス力では「基本的に繋がらない方がいい」を鉄則としていました。男性から追い求められるためにはミステリアスさが重要です。「今頃何やってるのかな？」と彼女への思いを馳せる瞬間に、男性の恋心は膨らむもの……。インスタ見たら何をしているのかストーリーでリアルタイムで確認できちゃったり、X開いたら愚痴っぽいことをポストしているなんて100年の恋も一瞬で冷ましてしまうからです！

でも夫婦になったら話は別です。夫とSNSで繋がってもOK！（私は公式アカウントしか持っていないので繋がっていませんが……）

とはいえ、SNSが発端での争いがあまりに多いので、SNSごとに注意点をお伝えさせてください！

## Instagramの注意点（周囲に嫉妬されて得はない！）

「鍵付きのプライベートアカウントだし、何を載せても大丈夫♥」と油断してはいませんか？　貴女がこれから本書を参考にして、リスペクトとラブで夫婦関係を修復したときに、それまではあり得なかった夫からのプレゼントやサプライズや大きな愛情に触れて感動することが起こるでしょう。それをそのまま、

「まさかの夫からサプライズで花束をもらいました」

「夫のはからいで、今日はゆっくりとマッサージを受けてリフレッシュ！　子どもたちと出かけてくれた夫に感謝です♥」

と載せることもいいでしょう。夫はきっと喜ぶハズです。

**でもそれに対して「私はこんなに大変な思いをしてるのにあの子は……」と快く思わない人がいることも頭の片隅に置いておいた方がいいのです。**貴女の友人、知人。人知れず夫婦生活に悩んでいたり、婚活しているけれどなかなか縁に恵まれなかったり、子宝を待っていて苦しい思いをしていたり、経済的に困窮していたり……。色々な人がいます。親しくても、**いや親しいからこそ嫉妬してしまうのが人間です。**

人様の夫や子どもの写真をスクショし、グループLINEで「A子が旦那さんにもらったコレ、そんなに高いラインじゃないよね、私自分で買ったもんw」「ていうか子ども旦那さん似？　それともAちゃんちょっとイジってる？」などと面白がっている話は意外とあるのです。**なんでもあけすけに載せるのはいらぬ嫉妬を買って危険だ**と心得てくださいね。

・幸せはあまりひけらかさず、夫への感謝は直接伝えるべし（手紙でもOK）
・家族のプライバシーを守ること！

## Xの注意点（愚痴がバズって夫婦関係終了のお知らせ）

これは実際に身の周りであった話です。**ある女性が夫の愚痴をポストしたところバズってしまい夫の目に触れて離婚問題にまで発展。**

ポストをさかのぼれば、子どもの年齢、そしてリアルな愚痴で夫にはすぐにバレてしまった……。まさかフォロワー100人もいないアカウントでこんなにバズってしまうとは思わなかった……。

今のXの仕様は、女性対男性、専業主婦対兼業主婦、独身対既婚など、対立を煽ってインプレッションを稼ぐ仕様に変わっています。なので今までなら目に触れなかった層にまで夫の愚痴はカンタンに届くのです！「夫にバレっこない」は通じません。

それと「夫へのストレスはXで発散しておく」という考えにもメス力は大反対です。**義実家、友人にまでカンタンに身バレすると思っていた方がいいです。**

気軽に愚痴ってそりゃ一瞬はスッキリすることでしょう。

同じような悩みを抱えている人が「わかります！　うちの夫もそう！」「え？　うちのバカ旦那かと思いましたｗｗｗ」と共感してくれてうれしいでしょう。そして共感がいいねや引用によって伸びるとますます気持ちがいい（ドーパミンぶしゃ〜〜〜！）。夫のことを悪く書けば書くほど、いいねがグングン伸びる！「マジで旦那さん、最低ですよ」「こんなにいい妻なのに」肯定してくれる人がいたとますますのめり込む。そして「モラハラじゃないですか？　元夫にそっくり」「離婚のために証拠押さえて置いた方が……」の言葉に気持ちがどんどん傾いていく……。

貴女は誰と結婚したのですか？

目の前にいる夫と向き合わず、自分とすら向き合わず、一度も会うこともないような人間に流されて離婚したり、夫のことを疑いの目でしか見られなくなったり。

こんな風に人生を台無しにしている方が急増しています（マジやで？）。

貴女はその中の一人になりたいですか？　それに鍵アカで愚痴っていても急死した場合、夫や家族（子ども）がその中身を確認することも考えられます。

「うちの妻はいい女だと思っていたけど、こんな風に俺のことを思っていたんだ」

「ママ、すごい……性格が……こんな風に家族のこと罵って書いてたなんて」

そう失望されたくないのであれば、愚痴を書くのは鍵アカであっても大反対！　そのエネルギーを家族円満に向けてください！

Xはかなり難易度が高く、**一回の炎上で人生終了リスク**もあると心得ておいてください。お得な情報、ニュースなどの収集ツールとして活用するのがベストですよ。

・夫が読んでも、友人が読んでもOKなことだけポストする！

・炎上リスクを考慮して、特定されるようなことはポストしない

・Xの男性嫌悪に流されず、目の前の夫婦関係に意識を向ける

・夫へはあまり絡まない方がいい（Xはどこでどう炎上するかわからない、夫婦が絡んでいると身バレリスクが上がる）

## Facebookの注意点（夫の顔に泥を塗らない）

Facebookはある一定以上の年齢の方がビジネス関係の繋がりに運用していることが多いです（若い方たちはやっていません）。

なので夫のフィードに明らかに妻とわかる形で投稿しない方がいいでしょう。**男性は仕事関係の人にプライベートを知られたくないと考えています。**いいね程度にとどめてそっと見守るのがベストです。また夫の仕事関係者が「神崎メリ子さん？ヨシオさんの奥様かな？」と見にくるであろうことも考えて、鍵付きにしておいたり、投稿を見られる人を限定しておくことも大切です。

貴女もビジネス用として運用しているなら、素敵なお写真をアイコンにしてくださいね（奥様素敵……と思われて損なし）。

・Facebookは仕事用という意識が必要
・ビジネスパーソンとして邪魔しない絡みを心掛ける

## SNSごときをケンカの火種にさせない意識が必要！

SNSが発端でケンカをしたり、トラブルに巻き込まれるなんて愚の骨頂です。ほとんど仮想現実と変わりないのですから！　ケンカを起こさないためには、
・夫のSNSを「怪しいことないかな？」という目線でパトロールしない！
・夫が飲み会行った後に、フォロワー増えてないか？　いちいちチェックしないなど、浮気監視ツールとして謎活用しないことも大切です。浮気なんかしたら一瞬でわかるのが妻というものです。浮気を嗅ぎ回ってSNSを巡回して「この人誰？何繋がり？」とかやっている姿にリスペクトはないし、何せ美しくない！

**その姿にこそ、浮気心が芽生えてしまうかもしれない……。それくらいの危機感や美意識を持って誇り高くいきましょう！**

ドンと構えて、SNSに振り回されずにただのツールとして使ってくださいね。SNSに人生乗っ取られるなんてことのないように……！

まとめ

夫とSNSで繋がっても問題はなし！
無用なトラブル回避して
夫婦円満の邪魔にさせない意識を持って運用すべし！

既婚メス力 格言

6

つい忘れちゃうけどさ
そもそも好きで
結婚した人なんだよね

# 夫は案外妻から叱られたい⁉ 愛の鞭《むち》のふるい方

突然ですが、夫って余計なことをしませんか？

妻が忙しいときに限って周りをチョロチョロする。すっぽんぽんでこれ見よがしに風呂場から登場する（大げさにぷらんぷらん）。尻を出す。真面目に話しているときに親父ギャグを言ってみる（面白いこと思いついたぜ！　と言わんばかりに……）。

「最近、太り気味だからダメよ」と伝えているのに、冷蔵庫からアイスを取り出し妻の顔をチラチラ見ている……。

「ねぇ、なんなワケ？」「はぁ？」と妻は呆れますが、なんと奥様！

これ全部貴女様に叱られたいんですよ。

夫心理

## 妻から優しく叱られてかまってもらいたい♥

男性って女性が思う以上にかまってちゃんです。だからわざわざ「こら！」って言われそうなことをするのです。大好きな女児の周りをチョロチョロする男児と一緒……。

「**見て**～w。ほら、今からダメなことするよ～w。突っ込んで～」って心理。あれは妻からのツッコミ待ちのボケだったんですよ！

残念ながらこれも夫からするとラブラブコミュニケーションのひとつ（諦めてくだせぇ）。なのでこんな感じで叱ってあげてください。喜びます。

メスカ

## 夫が尻尾振って喜ぶ愛の鞭

❶ 「こらダメでしょ？」「ダ～メ！」と叱る（声は甘く）

❷ チョロチョロする夫を「も～お！　邪魔！」「邪魔するとアイス奢らせるよ」とプンスカする（あくまで可愛く）

③ 夫の親父ギャグには「でた！　親父ギャグ」「はい？ｗ」とひとこと

④「こんな悪いことするのは誰ですか？　手をあげなさい」と先生ぶる

⑤ 夫の裸には実際どうでもよくても「ヤダ〜」というと喜ぶ（アホかｗ）

⑥ 夫が何か冗談を言っている（意味不明）、「スベってるよｗ」とひとこと

⑦ しつこいときは「今はヤ！」とひとこと（可愛く、でもピシャリと）

⑧ 調子に乗り出したら「ヨシオ君？」とちょいマジでひとこと

⑨「もう、前も言ったよ〜。このお耳が聞こえないのかな？」と耳を握る

⑩「あ、そんなこと言う人は納豆ご飯です〜」と夫の苦手をふざけて言う（夫のごめんなさ〜いまでがセットになる）

⑪「悪い子はお尻ぺんぺんするよ！」とプンスカする

**「ダメよ」「コラ♥」「メ！」みたいなの、男性は大大大好きです。**

世の中にいる妻の尻に敷かれているけど愛妻家みたいなご夫婦、実はこういう感じで奥様が可愛く叱って手懐《てなず》けています（夫が喜ぶから、これはサービスやな）。

でも本気でウザくてやめてほしいときもあると思います。

例えば、夫が見た目をイジってきたら、これを妻は許してはイケマセン。夫がコンプレックスをからかってきたら、これも妻は許してはイケマセン。真剣な話に冗談ばかり言うのを「コラ♥」と言ってる場合じゃありませんし、子どもに悪影響なことはやめさせなくてはイケマセン。

妻を下に見るようなイジりや、真剣なことに向き合わないような姿勢にはしっかりと叱って、モラっぽさを封じなくてはダメなのです（ナメさせないことや！）。

普段は愛の鞭で手懐けておいて、ガチで調子に乗ったらしっかりと叱ってください（キャイ〜ン！）。

## メスカ 夫に響く一発必中、マジの鞭（調子乗んなよ編！）

1. 真剣なときの夫の冗談「やめて、そういうの今は面白くないよ」と真顔
2. 「それ無理」「それヤダ」と真顔でひとこと
3. 「私、見た目のこと言われるのとか**本当無理**」と真顔で言い立ち去る
4. 夫が汚い言葉を使ったら「うちではそういう言葉は使いません」とピシャリ
5. 真剣な話で夫がおどけたら無言で待つ「え？（汗）」と焦ったら「そういうの

今じゃないと思うよ?」とガチトーン

⑥ 包丁を持っていて危険なときにベタベタする夫などには、包丁を置いてキッチンから出る、そして「**危ない**、私に怪我させたいの?」と目を見てガチで聞く

⑦ (夫が悪気なくとも)傷つくことをいわれたら「そういうの**傷つくからやめて**ほしい、**悲しい**」と目を見て伝える

⑧ **これらを伝えたら、空気を切り替える**(ごめんされたらハグ)

**ポイントは、その場でピシャンと伝えたらもう終わること。相手の人格を否定するような言い方をしないこと**(私はイヤ! 今は無理! 悲しい!)。**男性の脳にしっかり響かせるためには、鞭は一発必中が大切なのです!**

夫がシュンとなって、貴女にうまく「ごめんね」と言えなくても反省していますよ(クーンクーン……)。「こいつ、反省してないな!」と追い鞭をするのはやめましょう。そこから先は言葉の暴力になりかねません(女はキレると言葉の銃弾ヤバいで)。そして夫もカッとなると喧嘩に発展してしまいます。

そしてネチネチくどくど説教してメソメソ泣いても男性には伝わりません。「なんか感情的になってるけど、生理近いの?」とすら思う人も(おいおい貴方が原因や)。

**自分が言われたことよりも、女性の情緒に意識が向いてしまうのです。**

そして「もうやめて～」ってやんわり言っても伝わりません。「イヤヨイヤヨも好きのうち♥可愛い～」と勘違いします（コレ真面目に腹たつんだよな～！）。

## 一発必中に慣れると、怒りについての感覚も変化します

このメス力のいい部分は、妻側もその場でイヤなことを伝えて終わることで、いつまでも夫に対して遺恨を持たずに済むようになること。

**その場で言ったら終了を定着させることで、怒りや悔しさにいつまでも執着してしまう自分の気質ごと変えられるようになるのです。**

昔の私はこういう叱り方（マジの鞭の方）が苦手で、「え？」と感じてもその場で言えず、溜め込んで溜め込んでどんどんイライラを膨らませて爆発させていました。

「あのとき言えばよかった」「今度は言い返してやる……」「悔しい！」

そうなると本来なら言わなくてもいいようなこと、キツイ言い方をしてしまい、お互いの心に傷を作ってしまうだけなのです。

嫌なことはひとこと「ヤダ！」で夫に通じるようになると喧嘩する回数が減ります。貴女にかまってほしくてつい調子に乗ってしまうタイプの夫なら、このメス力は必須です（可愛い範囲の「俺ボケたよ〜かまって〜」は愛の鞭でヨシヨシしてあげてな）。

**また、一発必中メス力ですが、貴女が夫と現在リスペクトもラブも足りていない関係でここだけ「しめしめ！　夫を叱る方法を見つけたぞ！」と実践すると、夫の心がほぐれていないので喧嘩になる可能性があります。**

一部切り抜きでメス力を実践するのではなく、すべてにおいてリスペクトとラブで夫婦の絆を育むことが先決です。ここんところよろしくお願いします！

まとめ

夫は妻に可愛く叱られてかまってほしい。
生活の中にユーモアを取り入れる感覚で夫に愛の鞭を振るって♥
ガチの鞭はたま〜にね！

# ラブの方向性を間違えると夫が赤ちゃん化する!? 危険なラブラブとは？

本書では、男女としての絆を育むために「ラブのメス力」を提唱していますが、これ方向性を間違えると思わぬことになります。

**夫が幼児化してしまうのです……**（おんぎゃ〜おんぎゃ〜）。

「メリ子たぁん♥ よぉたんね疲れちゃった〜。いい子いい子してほしい♥」「ボク、メリ子たんに抱っこされたら元気でるでしゅ♥」なんて幼児語使ってまとわりつく夫。

最初の頃は「も〜♥ よぉたん甘えんぼさん♥」って二人のアマアマな世界観に浸っていた。けれど夜のお誘いも「メリ子たん、よぉたんの〇〇〇〇大っきくなってしまったれしゅ（ボロン）」男らしさやリードする気ゼロ……。

**まるで本当に幼児が「ママ〜おしっこ！」って言うみたいで、性的に見られなくなってきた……**（近親相姦みたいな気持ちの悪さや……）。

そうこうしているうちに生活していても「メリ子た～ん！　くっく（靴）履かせて♥」「お仕事疲れてボクだめでしゅ～。お洗濯物干せないでしゅ～」「え？　あの支払いの件？　ボクが問い合わせるの？　なんで～（うるうる）」ってまったく頼りにならないように……（イライライライラ）。

そして産後は実子にまで「赤ちゃん産まれてからかまってくれないね……（しょぼん）」と嫉妬する始末……。「いい加減にして！　貴方は大人でしょ！　自分のことは自分でしなさいよ！」と激怒＆失望……。大人の男と結婚したハズなのに、目の前にいるのは幼児語でクネつくおっさん。

「こんな人だってわかってたら結婚しなかったのに（涙）」と絶望感ＭＡＸ。

皆さま、この流れは都市伝説でも作り話でもありません！「夫が甘えん坊で頼りにならなくて困っています」はよくあるご相談なのです！　これからどんな風に接したら、夫が幼児化してしまうのかお伝えします。本書を参考にしてラブラブな空気を作ろうと考えている方は**くれぐれもラブの方向性を間違えないように**お気をつけください！

## 夫が大人の仮面を脱いで幼児になる！
## 最悪な甘やかし方

・独特のあだ名で呼び合う〈よぉたん・よ〜ぴ・メメしゃん〉
・「疲れたの？　抱っこしようか？」と**両手を広げて呼び**甘い声であやす
・「ねんねしようねぇ〈トントン……トントン〉」と妻の胸元で夫を抱いて寝かしつける〈夫はお胸にぱふぱふ……からの「おっ◯い〜」と幼児H突入〉
・そもそも妻も幼児語を使う〈ねんね、おっきしようねなど〉
・**夫に「可愛い〜♥」と言ってしまう**

そもそも妻が夫を幼児みたいに甘やかしちゃってること多々！

**これ、男女としての絆ではありませんよ。母性愛で夫を愛でているのです。**

すると、**本来心が少年の男性は妻に対して大人の仮面を脱ぎっぱなしになってしまいます。**「やった〜！　この人といると大人でなくてもいいから楽ちんだ〜！」って感じで。それの何がまずいかって？　**妻に対してカッコつけたり、頑張ったり、気遣**

**ったり、頼りになろうとする精神が消滅しちゃうんです！**

このフェーズに夫が突入すると、「うちの夫くん可愛い～♥」から「ねぇ、甘ったれてるだけで全然私のことは大切にしてくれない！『疲れるからおうちでダラダラしよ』ってそればっかり！」と不満を抱くことになります。

しかもですよ？　最悪なことに、そういうときに**男扱いしてくれる女性が現れると、持て余した男性性**（女性を守りたい、頼りにされたい）**をその相手に向けてしまうのです！**

おうちでは少しも頼りにならない夫が、よその女のためには気前よくサクサク動く……。夫にもその女にもマジで怒りに震えますよ（俗に言う相談女や）。

**特に夫に「可愛い～♥」と声をかけてしまうのは危険！**

**女性の言う「可愛い」は「愛おしい」と同義語ですが、男性はそうは受け取らずいい意味での男性性を放棄して幼児みたいに可愛くなっちゃうのです**（結果可愛くないｗ）。

とはいえ適度に夫を甘やかしてあげるのも大切なことです。おうちでは癒されたいのも事実。いい塩梅で甘やかし、妻の存在を感じてホッとするようなメス力を実践しましょう。

メスカ

## 夫の疲れが癒され弱みを見せるラブのメスカ

❶ 夫が落ち込んでいるとき、**後ろから優しくハグ**してあげる
❷ そして「いつも頑張ってるよね。偉いよ」と声をかける
❸ たまに膝枕してあげる（男性これ大好き！）
❹ 夫が疲弊しているとき「ゆっくりしててね」と家事を代わる
❺ 夫が疲れているとき「今日は出かけるのやめておうちでゆっくりしよう」と臨機応変に対応してあげる（一人で寝かして妻は出かけても○K）
❻ 夫が凹んでいるときは黙って好物を出す
❼ 一人でいたそうなときはほっといてあげる（妻は外出したり）
❽ 夫への愛おしさが込み上げたとき「可愛い」じゃなく「カッコいい」と言う

**幼児語を使って「大丈夫でしゅか？」とあやすイメージではなく、優しく凛とした妻が「お疲れさま……♥」と包み込む雰囲気をイメージしてくださいね。**

**そして忘れちゃならねぇ！「カッコいい」は男性にエネルギーを与える特別な言**

**葉です！**　男性はこの言葉をかけてくれる女性のためならなんでもしたくなります。気前がよくなり「俺に任せておけ！」って凛々しい気持ちになり、本当にカッコつけたくなっちゃうものなんです（男は単純やw）。

**出し惜しみせずに「カッコいい」は連呼してください。**もう若干、夫が頼りなく幼児化してるならなおのこと！「カッコいい」という言葉で夫の男性性を目覚めさせるのです！

## 夫心理　疲れた姿を受け入れてくれる妻のために俺は立ちあがる！

さて注意事項です。このメス力だけを実践せず、他のメス力も並行しながら実践してください。疲れたそぶりをすれば妻がなんでもしてくれると勘違いさせないためにです。**夫を日頃から頼りにして、味方につけた上で「疲れてるのね♥」と甘やかす塩梅が理想ですよ**（妻だけが負担を背負わないようにナ）。

そして男性は基本的に同性に弱みを見せません。唯一妻には見せられると感じたときに本当の信頼関係が育まれます。**妻の大きな愛情を感じ、困難が訪れたとしてもそ**

**の愛情を支えに立ちあがろうとするのです。逆に弱った姿を拒絶されると男性は心を開いてくれなくなります。うっすら敵認定されてしまうので気をつけてください。**

幼児語で夫を猫っ可愛がりすると、確かに一瞬ラブラブになります。でもそのうちオカンと息子の関係になって愛が冷めてしまうと覚えておいてくださいね。

まとめ

可愛いよりカッコいいで夫の幼児化を防げ！そしてカッコつけてくれる夫の疲れた姿をそっと受け入れて、たまには甘やかしてあげるべし（膝枕がオススメですぞ）。

# 買い出しや自宅飲みも工夫次第で夫婦デートになる！

皆さま、夫婦デート楽しんでいますか？

「子ども優先になって出かけてないな〜」「どうせ出かけるなら子どもたちもって思っちゃう。夫と二人なんてもったいない……w」

本当に一番もったいないのは夫婦関係が冷え冷えになって、家庭内に冷たい風がビュンビュン吹くことでっせ〜！

子どもがいない方はもちろん、子どもがいる方も夫と二人の時間を作って意識的に恋愛スイッチをオンにする習慣をつけておきましょう。

もし貴女の夫が「ちょっとビッカメ行こうよ」と誘ってきたとしましょう。「私はいいよ、家で片付けしておくから」「え〜？　メイクするの面倒くさい」と断ってしまってはいませんか？　実はあれ、夫心理的にこうなんですよ！

夫心理

## お出かけの誘いは全部デートなんや……断られてショック！

デートの誘いだったんかいっ！　って感じですけど、これは真面目にそう。なので断らないのがベスト。（え〜その場所興味ないんだけど……）と思ってしまうなら夫に甘えるチャンスです！


夫「ビッカメ行かん？　ちょっと見たいものがある」

妻「いいよ〜。帰りに美味しいもの食べたい♥　ここのドーナッツ買いに行こ♥」

「いいよ〜。その後、映画みよ♥」

「いいよ〜。その後お寿司ランチしたい♥」

「いいよ〜。その後、海沿いドライブしたいな〜！」

**夫のお誘いを**（興味なくとも）**快諾して、すかさず貴女のしたいことを可愛く乗っける**（夫がパンケーキだったとしたら、妻の希望はホイップクリームとキラキラシュガーやぞ）。

こうすると夫は自分の誘いを受け入れられたことに満足しますし、ドーナッツや映画に興味がなくとも貴女が楽しそうにしていれば「誘ってよかった！」と**妻を幸せにしたいスイッチがオンになる**のです。

妻もこうしてこっそりとデートらしいデートに導く工夫も必要です。そして無表情でいるのではなく笑顔を見せることも（また誘いたいと思うんや）。

多くの日本人男性は女性が満足するようなデートをコーディネートできません。貴女を必死に口説いていた独身時代と違って気が抜けるモノですしね（だから自分が好きなことばかり誘ってくるんやなw）。

## 子どもがいる場合も二人の時間を作って心の溝を深まらせない！

子どもがいる場合、家族などが預かってくれる環境であれば、3ヶ月に一度は二人で出かけましょう（理想は月1程度ですが）。

ただこれ本当に家族の考え方も絡んでくるので（子どもをほったらかして！　と思う年配の方もいらっしゃる……）、ペースに関しては様子見しながら。そして必ずお土産を渡すなど感謝の気持ちも伝えることが大切です。

また家族などにお願いできない場合、日中子どもが登校（登園）している間、有給を取ってランチデートもいいと思います（一部園では親の休日は子どもを預けられないので要確認）。

私は身近に子どもを預けられる環境がないため、記念日やお互いの誕生日をランチデートしています。またリモート環境のとき近場でランチをしたり……。ゆっくり二人で過ごす時間は取れませんがひとつひとつが大切な思い出になっています。

## メスカ 金曜の夜は二人で居酒屋ごっこ♥のメスカ

出かけるのが得意じゃない、日中もなかなか有給取れるお仕事じゃない場合、固定の曜日で居酒屋ごっこをオススメします。

❶ 金曜夜22時（子どもが寝た後開催）
❷ 飲み物とおつまみ（手料理好きな方は夫の好物を一品！　ナッツでもよいw）
❸ 今週お互いにあったことを話す
❹ 肯定的に話を聞く（さしすせそ意識）、討論しない、話し合いを目的にしない

❺「次は私の話聞いて〜♥」と甘える
❻手を握ったり、隣に座ってスキンシップ♥
❼たまに映画上映会（隣に座って♥）

とある方はこうして週末の夜に夫の好きなお酒とおつまみを出し、ゆる〜く二人で話をしてリラックスをさせた後に「あのね〜あの件気になってるの〜。私もやらかしちゃうことあるからお互いに気をつけよ♥」と夫のやらかしをやんわりと注意したりするそうです（一発必中できなかったこと、そういう内容じゃないこと）。

けっして話し合いを目的と悟らせず伝えることは上級者向けですが、居酒屋ごっこが習慣化したら取り入れてみてください（必要に応じて）。

## 夫に素直に「寂しい」と伝えることが夫の心を引き寄せるコツ！

定期的かつ肯定的に夫婦で話すと心の溝が深くなりません。

でも「私との時間作ってよ！」「また飲み会？　私との時間は作らないのにどうい

うこと?」「そろそろいろんなこと話さないとね?（話し合いしましょ）」と責め口調で寂しさを訴えかけると男性は義務感を覚えてしまいます（はぁ、時間作んなきゃな……）。

「最近、二人の時間がなくて寂しいな（うるうる）、金曜か土曜の夜にゆっくり飲まない?（ニコ♥）」と素直に寂しさを伝えてお誘いしましょう。

夫は「そりゃ寂しい思いさせて悪かった!」と前向きな姿勢で貴女の心を満たしてくれようとします。そして肯定的（さしすせそ）に話を聞いて、夫の肩にもたれて手を握ってみたり、スキンシップを取ってくださいね。甘い声もお忘れなく……♥

定期的に甘い空気やスキンシップを欠かさない関係こそが、いつまでも男女であり続けるコツ! 他の誰と飲む（過ごす）より、甘～い雰囲気を提供してトリコにしちゃいましょう。そうすると妻との時間をおのずと優先するようになりますよ。

「さっさと帰りたい!」家庭にしちゃってくださいね（プラスリスペクトで喜んで家事もするようになりますよ、しめしめ）。

### まとめ

ただの買い物、居酒屋ごっこ。
楽しそうにしているだけで夫の心は満たされる♥
妻を幸せにしたいスイッチをオンにし続けるため、
たまにはデートをするべし！

### コラム 怒りの本当の正体

既婚メス力を実践しようにも、夫の欠点や至らない部分ばかり目についてしまい、「なんで私ばっかり努力しなきゃいけないの?」「この人なんて仕事してるだけ」「優しい部分もあるけど、男らしくなくてイライラする!」「記念日とかもっと率先して動けないの?」こんな怒りが収まらないどころか次から次へと湧いてきて、どうしようもない！　こんなご相談も多く寄せられます。

**怒りの正体。それは多くの場合、親子関係で我慢していた過去から生まれています。**

長女だから、女の子だからと我慢させられていた。親の顔色を窺《うかが》って育ってきた。

過干渉で自分の意見を尊重されず、行きたい進路を我慢せざるを得なかった。我慢我慢我慢……。それがいざ結婚し、夫という甘えの感情が生まれやすい関係の人といると爆発してしまう。

「どうして私だけ！」「アンタは私を幸せにしなさいよ！」

本当は我慢したくなかった。親に愛され受け入れられたかった。

**夫への怒りの正体は貴女の未消化な感情……。**しかも恐ろしいことにこの未消化な感情は、我が子へも向かうと言われています。自分のイライラで子どもを怒鳴りつけたり、

「私、親と同じことしてるじゃん……」という感じで。

**夫（や子ども）に対して、そして常に不平不満を抱えてイライラしてしまう方は、自分の幼少期と向き合ってみてください。**

**親にどんな扱いをされてきたか。本当はどうされたかったか。**

辛い記憶から逃げずに、怒りをひとつひとつ掘り下げていくと「寂しい」「尊重されたい」「受け入れられたい」「愛されたい」そんな自分が泣き叫んでいるハズです。

すると夫がほんの少しでも尊重してくれない気がした瞬間、怒りがあふれ出てしまう。話の流れで夫が「でもさ」と言おうものなら、自分の話を聞いてくれなかった親への怒りをそこで爆発させてしまう。子どもが甘ったれたことを言うと「私は我慢させられてたのに」と心の奥底で悲しみがぶり返し、思わず叱りつけてしまうのです。

**夫や子どもにイラッとした瞬間、「これ、私の過去が暴れていない？」と自問自答して立ち止まってください。**怒りは人生を喰い潰す強い負のエネルギーを持っています。でもそれは過去の自分を**「大丈夫だよ、あの人たち（親）に幸せにしてもらえなくても、もう貴女は自分で幸せをつかめるんだよ」と抱きしめてあげることで昇華できます。**だから諦めないでほしい。怒りの正体を見破ったとき貴女の心に平穏が訪れます。

既婚メスカ 格言

# 7

夫にイラつくけど
本当は自分の至らなさにも
イラついてる
大人の女って
いつになったらなれるの？
もう40代なんですけど……。

3

既婚メス力応用編

# 夫婦のあるある
# お悩み解決

夫婦あるあるの悩みを乗り越える！

# 既婚メス力

夫婦間で起こるあるあるお悩み。義実家との付き合い、育児の方針の違い、周りの家族との付き合いなど……。

「メリさん、○○について夫を説得したいです。うまい言い回しはありませんか？」と多数ご相談をいただきます。

**皆さま、夫婦間にうまい言い回しはありません。**

**説得しようと躍起になるほど夫婦は敵対関係になります。夫は意固地になりますし、妻は宝物扱いされない悲しみに失望し、いつしか夫のことを生理的に受け付けなくなるところまできてしまいます……**（あるあるある！）。

それに小手先のテクニックやうまい言い回しなんて、長い夫婦生活においてなんの意味もありません。本書は『夫を都合よく操るためのテクニック』をお伝えしているのではなく、『ど本命夫婦として相思相愛で、思いやりにあふれた関係』を育むための本なのです。笑いが絶えず、気軽に雑談をし、病めるときも健やかなるときも支え合えるような……。

そこを踏まえて、夫婦間の悩みを乗り越えるためにリスペクトとラブのメス力を実践し夫婦として尊敬しあい、男女として愛情を育んでいくことが先決なのです。

すると、夫は貴女を幸せにすることが第一の望みとなり「なんであんなに夫婦で揉めてたんだろう？」と拍子抜けすると思います。

とはいえ、「夫婦〈妻とは夫とは〉こうあるべき！」という固定観念にガチガチに縛られていると、問題が起きたときに柔軟に対応できません。

この章ではあるあるお悩みを解決するヒントとしてメス力をお伝えしていきます。

夫婦関係、そして我が子を守るためにちょっぴりしたたかにメス力を活用していきましょう！

# 育児の方針が違ったとき「私が正しい」と思い込みすぎてない？

いつも読者様にお伝えしていること。

**ご本命（夫）といえども、神様ではありません。**

すべてにおいて妻の言いなりになるなんてあり得ないし、体調や気分がすぐれないときに頼みごとをしても断られることもあるでしょう。父親として子どもを思うからこそ考えが違うこともあるでしょう……。

もちろん我が家でも夫と考えが違うことはあります。育児（教育）に対してもです。そんなときに忘れないようにしているのが『**母親である自分の方が正しいと思い込んではいないか？**』ということ。夫は父親ならではの視点で子どもの将来や可能性を信じ、キラリと光る才能を見いだしているかもしれません。

それを理解しようとはせず、こんなことを言い返してはいませんか？

**「私が正しい」と譲らない妻のセリフ**

・「貴方より私の方がこの子のことわかってるのに、なぜ口を出すの？」
・「私に比べて子どもと関わる時間が短いクセに、何がわかるの？」
・「そんなやり方、この子の将来なんの役に立つの？」
・「私、貴方みたいになってほしくないの！　この子には」
・すべて事後報告で大切なことを伝えず「え？　話してなかったっけ？」

あくまで一般的に、男性の方が大黒柱としてのプレッシャーを本能的に感じやすく、女性の方が育児に対してプレッシャーを感じやすい傾向があるようです。

母親になった瞬間、「ほんの一瞬でも目を離したらこの子の命が絶たれてしまうのでは？」という24時間続くプレッシャーと闘い、この子が将来少しでもいい道を歩めるように！　と教育にプレッシャーを感じる。

この地球上で唯一、命を捧げても惜しくない存在。

母親って命が尽きるまで逃れられない宿命なのだなと感じます（それは心に埋め込まれた大きな愛でもあります、そしてもちろん人にもよりますが）。

そこまでのプレッシャーを受けていなそうな夫に「もっと○○させてみたら？」「進学だけど、○○系は？」と口を出されると「ねぇ、簡単に言わないで？　この子の何をわかっているの？」「本当に10年、20年先を見据えて考えてる？」と思わず防衛本能が働いてしまうのですよね……。

夫心理

## 論破姿勢の妻の言うことなんか聞きたくないもん！

夫と育児や教育の方針が違ったとき「私の方が正しい」「この人の意見をどうにかして変えたい」と思ってしまうと、夫がどんなに（実は子どもにとって）いいことを提案してきても耳に入ってきません。

全部が現実的じゃなくふざけた提案にすら思えてくるのです（身に覚えありませんか？）。また「ふ〜ん」と聞いてるフリをしながらいかにも小馬鹿にした表情をしてしまったり、夫を論破して降参させることばかり考えてしまうかもしれません。

**男性に限らずこの世に「貴方の意見は馬鹿げてる！」という姿勢で接せられて、ヤル気が出る人間はいません。**そんな姿勢でこられると、無関心になったり、相手も反抗的な態度を取ることでしょう（見下してくる人間の意見に賛同したくないものや）。すると妻は「この人、子どものことなんて何も考えてない！」「本当に私の話聞いて考えてる？」とますますイライラします。

これではお互いの溝が深まるばかり。両親の間に溝が生まれてそこに落っこちるのは誰か？　我が子なのです。我が子が損をするのです。

一度「母親である自分の方が正しい」というスタンスから降りて、「この人はどうしてこういうことを提案してくるのだろう？」と素直に耳を傾けてみてください。

そして考えを変えてやろうという姿勢をやめて次のメス力を実践してほしいのです。

**メス力　正しさではなく、この子にとって何が一番ベストかで考える**

❶ 夫の提案をまずはさえぎらずに聞く（関心、好奇心、興味を持って！）

❷「何かでその案読んだの？　そうなら私も読みたい」と聞いてみる（ネットニュースの教育論を読んだ可能性あり）

❸「あの子のこと見ていてなんかそう感じたの？」と質問する

❹「何か経験とか考えがあってその方針になったの？」と質問する

5 「貴方がどんな考えか知っておきたくて、二人の子だからね」と伝える

6 「私はこう思うんだけど、貴方はどう思う?」と質問する

7 夫と意見や方針が違っても慌てない「あの子にとって何がいいかね〜」と模索姿勢

8 もしも夫の提案も一理あると感じるなら、取り入れる

9 場合によっては、見学など二人で行く

10 総合的に見て何が我が子にとって一番よさそうかを判断する

11 母親に負担が大きそうな場合「貴方の協力もこれくらい必要だよ」ときちんと、でも口調は厳しくなく伝える

繰り返しますが、論破しよう、考えを改めさせようという姿勢で話をすると、男性は意固地になり本音を言いません（逆に謎に責めてくることすらあるで!）。**「貴方の考えが知りたいの〜」というスタンスで興味を持って質問し、考えを引き出してください。思わぬ夫の深い洞察力や、人生観に触れられるきっかけにもなります。**

すると「荒唐無稽なこと言ってるわ（呆）」と切り捨てていた夫の考えが、急に納得できるものに変化したりします。

**男性は女性ほどおしゃべりではなく、育児観や人生観を話したがりません。これらを知ることは、夫婦として最強のパートナーシップを結ぶための羅針盤になります。**

「頑固で荒唐無稽で、ほんとあの人考えが浅いわ……」「何考えているのか……行き当たりばったりとしか思えない！」から、「あの人はこういう経験をしてきたから、こういう方針になるのよね、ならこの伝え方してみたら意見通りやすいかも？」とリアルに想像できるようになるからです（こっそり策略も練れるw）。

するとそれを踏まえた上で夫と育児や教育の話をすることができます。夫も妻から頭ごなしに否定されず、お互いに納得点を模索するスタンスで接せられるうちに、妻の意見にも向き合うようになるのです。そのために日頃から、リスペクトを示し、ラブでいい関係を育んでくださいね（ここしつこく繰り返すで〜！）。

まとめ

夫と方針が違っても慌てず論破を目論まず、深いところまで考えを引き出す。その上で「我が子にとってのベスト」を模索して、私の考えにとらわれない！

# 夫の不倫、本気で再構築したい方にだけお伝えしたいメス力

**突然ですが、夫の性感帯がどこかご存じでしょうか？**

夫の不倫で悩んでいた方が既婚メス力で再構築に成功。辛いフラッシュバックに耐えながらも、お互いに向き合い今は信じられないほど仲良くしていますとご報告をいただくことも多いです。

彼女たちは魔法を使ったわけでもなく、心から既婚メス力を実践しただけ。その結果、夫の気持ちが戻ってきたというのです。

心から既婚メス力を実践するとはどういうことか？

「あぁ私、確かに夫を非難することばかりで、尊敬や感謝を伝えることなんてなかっ

たな……」と自分にも非があったかもと認め、心からのリスペクトとラブを伝えること（最初は夫に不気味がられても）。そうしてカラカラになった夫の心を満たすイメージです。

多くの女性は気がついてはいませんが、性依存症（強迫的性行動症）でもない限り、浮気は性欲由来よりも妻から認めて愛されていないという孤独感から生まれているのです。**実は男性の一番の性感帯は心なんです。**

## 浮気は男の承認欲求にすぎない

少し辛口でお伝えします。**貴女の夫が他の女に走ったのは身近に自分を承認してくれる女がいたからにすぎません。**たとえ不倫相手にメロメロになり「妻なんて女として見られない」「最悪な鬼嫁」と罵っていたとしても、根っこの部分で求めているのは妻なんです。本当に不倫相手に本気になったのであれば、すべてを白日のもとに晒し「金は全部やるから、今すぐ離婚してくれ」と頭を下げるハズだからです。

## 夫心理　俺のこと受け入れてくれない女なんて嫌いだ（怒・泣）

不倫しながらも離婚しない夫の心理はおそらくこんな感じです。

「妻は自分を男として夫として父として認めてくれない！　俺は人生を捧げる覚悟で結婚して本当なら妻を幸せにしたいのに、あの人はそれを払いのける！　しかも無能を見るような軽蔑した眼差しで俺のことを見やがる！」

妻を幸せにしたいという気持ちを無下にされた気持ち。勝手な期待を寄せて裏切られたと大騒ぎする。片思いを拗らせたような状態。

そんなときに「奥さんひど～い♥　私ならヨシオさんのこと大切にするのにぃ♥」と、肉体的にも精神的にも受け入れてくれる女が現れ、大喜びで承認欲求を満たしている。

肉体的にも甘やかされて精神的にもスッキリして、家に戻り夫（父）の顔にモード変換。不倫相手は家庭円満ツール（男性目線）として利用されているだけ。でも不倫相手は自分にメロメロと信じているし、夫も不倫相手に夢中。

でも妻が夫を愛してくれたら……？

「私にも悪いところがあった」と自分をリスペクトする眼差しで見つめて、愛情を感じるふるまいをしてくれたら……？

## したたかに夫の気持ちを自分に向けるには？

夫の心を取り戻す流れのイメージをお伝えします。

妻はすべてを見据えて家族旅行をあえてたくさん計画。

不倫相手はそれを知っているから「ねぇ、そんなに家族旅行する意味ある？ ホントに離婚する気ある？」「今すぐ電話してよ」とイライラしてクラッシャー。

最近妻とは和やかな雰囲気だったので「俺の結婚（人生）、間違いじゃなかったかも……？」と思っているところに不倫相手のヒステリック。急に不倫相手のこと「よく既婚者なんかとそういう関係になるな。最近重いし」と疎ましくなる……（男の身勝手さよ）。

冷静に男性心理を逆手に取って夫の心を取り戻すのであればこういう感じです。叫んでも夫の心は戻ってきません。でも妻が自分を承認してくれるなら喜んで戻ってきます。不倫相手のことを軽蔑し、妻はそういうことのないきれいな存在だなと見直しすらするのです（身勝手すぎて呆れるけど、マジでこれ）。

ただ問題点がひとつ。

**貴女には夫にここまでする気持ちが残っていますか？**

浮気され、裏切られ、不倫相手とのラブラブなＬＩＮＥを見て、毎秒火で炙られるような心の痛みに耐えながら仕事や育児をして……。もう貴女は十分に苦しみ抜いて見えない血をたくさん流しているじゃないですか。

それでも夫との関係を諦めたくなく子どもや世間体のためじゃなく、貴女が夫をまだ愛しているのであれば、これからお伝えするメス力を実践してみてください。

❶ 夫が不倫相手をなんと言っていようと、本妻である自分が本命と思う
本妻は同じ土俵じゃないのです。女として劣っているなどと考える必要もありません

❷ 不倫相手のことを悪く言わない（何も触れない）
男性に誰か女性のことを悪く言うと、言われている側の味方になります

❸ 夫に手紙を書く
自分が夫にしたことで「あれは傷つけてしまったな」ということを素直に詫び、「貴方が恋しい」と伝える

❹ 気持ちが乗らなくても最低3ヶ月は本書のメス力をやりきる
夫の気を引くためにではなく「自分が生まれ変わるために」「自分を高めるために」と思うと精神的負荷が軽くなります（万が一離婚になっても、ここで自分を変えようとした経験は糧になります！）

❺ 苦しい気持ちは夫にぶつけず、紙に書き殴って破って捨てる
男性も初めのうちは受け止めてくれますが、結局弱い人間だから浮気に走ったのだと忘れてはいけません

❻ SNSでサレ妻同士でつるまない

女性は思っている以上に共感力が高いです。誰かがフラッシュバックしている様子を見ると即感化されてしまいます。また「夫がまた女と会っていました」など読めば、貴女も疑心暗鬼になってしまうでしょう。「離婚しました」と読めば、再構築ではなく離婚後の生活に思いを馳せることでしょう

❼「貴方を信じることにした、貴方を愛しているから」と口にする

夫の不倫を暴き（バレて）、夫と話し合い済みの方はそう断言してください

❽家庭のことだけではなく、外の世界にも興味を持つ

夫に口で「次はない！　次は離婚だよ！」と言うよりも、妻がメス力高く（リスペクトとラブ）生き生きしている方が、次は捨てられそうと感じます

❾夫に求められたらセックスを受け入れる

ただ避妊だけはお忘れなく……この段階での妊娠は危険です。信頼関係がしっかりと結ばれたと確信するまで、妊娠はオススメできません

怒りで夫をコントロールしようとせず「あぁ俺の味方はここにいたんだ」と気がつかせるメス力です。即効性はありません、不倫相手を引き剥がすのには時間がかかります。

## SNSで不倫相手を引き剥がす裏技

ある女性はこんな作戦を企てて夫から不倫相手を引き剥がしていました。

不倫相手が見ていることを想定してインスタを開設。

夫と相互フォローになり名字をアカウント名にする。夫にコメントはせず、でもいいねは欠かさず「もしかして奥さん？」とわかる感じに。自分の投稿やDMの設定はオフにし不倫相手がこちらにアクションできないようにしておく（だから夫へもコメントしない、そこでレスできてしまうので）。

自分や夫の写真は悪用される可能性があるので載せず、出先の写真や旅行の写真はバンバン載せる（夫と〜なども書かない、写真のみ）。**優雅な雰囲気**を意識して。

「なんだかんだ仲良くしてるじゃん！」と不倫相手のイライラを煽り夫にキレさせる方向に仕向けたそうです。そして自分は徹底的に夫にメス力を実践する。

不倫相手も同じように挑発的な投稿をしてくる可能性があるので、絶対に不倫相手のインスタは見ないことも徹底して、精神状態を安定させていたとのこと（乱れるのは相手のみ）。

貴女にここまでできますか？　辛い思いを抱えて、夫に暴言を吐き、引っぱたきたいのを我慢してメス力ができますか？　不倫相手のことを罵りたい気持ちを抑えて。

## 一度でも妻に選ばれた女は強い！ 離婚後も再構築を成功させる元妻たち

最初にメス力で再構築を果たしたご夫婦も多いとお伝えしました。実は離婚後に再構築したという方も多いのです！

養育費振り込みの日や子どもの面会日などに結婚時はかけたことのなかった、心からのありがとうを伝えるように意識。「今月もありがとう、助かります（可愛い絵文字）」「Aも貴方に会えて喜んでいました。良好な関係でいてくれてありがとう（可愛い絵文字）」と続けていたら、自然と流れで一緒に食事をするように。

そこでも意識して笑顔と感謝多めで過ごす。

そしてあえて元夫に子どものことや「家具を買ったのだけど、重くて……今度の面会日のあと運んでくれないかな？」と**男手を頼り**にしたところ「やり直してほしい」と元夫から再プロポーズ！　こういうご報告もあるのです。

一度でも妻に選ばれた女性は強いのです。**夫の心に「この人を幸せにするって誓ったんだよな」という意識がほんのりとあるから。キレて責めると逃げるのが男性。柔らか〜い雰囲気で「貴方に感謝してるし、また私のこと幸せにするチャンスあるのよ♥」と醸し出されると、「あ、誓い叶えなきゃ！」と寄ってくるのが男性です。**

本当のところ、男心なんてこれくらいシンプルなモノなのです。

## 時間というカードが一番不倫相手に堪える！

**不倫相手と妻の違いは「時間」です。**

不倫相手は貴方の夫と早く結婚して子どもを持ちたいと考えているでしょう。でも刻一刻と時間は流れ、結婚適齢期も出産適齢期もすぎていく。だから焦る。

妻である貴女は正式に離婚しない限り、**時間はお墓に入るまであります。**夫とうまくいってなかったとしても、夫婦という王国の王女様は貴女なんです。

妻には色々な闘い方があります。法律だって妻の味方。でも再構築のためにメス力を使いたいのであれば、**不倫相手の女性には時間攻めをし、夫にはリスペクトとラブで心を攻めるのがベストです。**悠然と構えて、時間をたっぷりかけて再構築に挑みましょう。じっくりと自分の魅力に磨きをかけて、焦る相手を尻目にメス力を高めて。

これぞ妻の特権です。

精神的に辛くそこまで時間をかけられなさそうなら、3ヶ月、半年、一年と自分の中で期限を決めて実践してください。

**やりきればハッキリと見えます。この先この人と一緒にいたいかどうかが。**

そのとき、貴女が主導権を握ってその先の人生を決断したらいいのです。離婚するもしないも、すべて貴女が握っていることをお忘れずに……。

本気で吹っ切れた女に怖いモノはありません。

まとめ

男の性感帯は心。心を満たしてくれる女性に一番懐く。
それを逆手に取ってじっくり夫を奪還すべし！

既婚メス力 格言

8

気が利かない人だけど

悪気はない人だった

勝手に期待して

キレて拗らさせて

夫を難しい人に

しちゃったかもしれないなぁ

## 義実家とのやり取り、敬意と距離感を大切に！

ＳＮＳが広まるにつれて、義実家関連のご相談が急増しています。

昔はどこかで「目上の人、ましてや親の言うことに逆らうなんてあり得ない……」という価値観がありました。しかし今は「大人になって気がついたけど、私の両親は毒親ですわ（怒）」と親への不満をＳＮＳでオープンに話す時代。

「どんな親でも親は子どもの幸せを思っているのよ」が大ウソだとバレてしまったのです。

それに付随して『**嫁という立場だからって義実家からの理不尽な扱いに耐える必要はない！**』という価値観もあっという間に広がっていきました。ＳＮＳでも義実家の愚痴アカウントは大盛り上がり（アポなし突撃マジ許さん！）。

「息子夫婦は私たちの傘下の存在よ！」という過去の価値観で生きている義親世代と、

「いいえ、うちはうちなので！　自分たちのことは自分で決めます」「え？　息子に料理をもっと作ってやれ？　手抜きするな？　共働きで夫の方が帰宅早いのですけど……」という嫁世代がうまくいくハズがないのですよね……。

とはいえできるだけ揉めないために。義実家とのお付き合いの仕方を考えていきましょう（特に新婚さん、初めが勝負やぞ）。

## 夫心理　俺の家族の悪口言う存在は心からは信用できん！

「あのさ～　貴方のお義母さんだけど『あららこの子の顔、メリ子ちゃんに似ちゃって可哀想にねぇ』って失礼なこと言うんだけど何？」「ねぇ義妹ちゃん、いつも突然来てご馳走になるけどどうにかならないの!?　お礼もないいじゃん！」

メス力では一貫して、夫を味方につけるべしとお伝えしてきました。貴女が夫の家族のことを（たとえ正論でも）悪く言う限り、夫は口では「うちの家族非常識でごめんな」と言いつつ貴女に心を許すことはないでしょう。

**特に母親のことを悪く言われるのを男性は我慢できません。**どんな母親でも男性にとっては特別な存在、聖母なのです（貴女を裏でチクチクいびってようとも！）。

それよりも男性の習性を理解しましょう。男性は自分を信頼してくれて、頼りにしてくれるか弱い存在を守ってあげたくなるものです（庇護欲）。

そして日頃から人の悪口を言わず、人のいいところを褒めている女性を信用する習性もあります（女性同士特有の本音で「あの人ないよねw」と話せる関係は男性に通じない！）。

なので大前提として、夫の家族のことは褒めましょう。

**「貴方がこんなに素敵なのはいい家族に恵まれているからね」と口にするのです。義親にも同様に「ヨシオさんが素敵なのはお二人の育て方ですね」と。これだけで夫は貴方を味方とみなしますし、貴女のことが大好きになります。**

プラスして日頃からリスペクトとラブのメス力を実践し、家族として男女として最強の夫婦の結びつきを強化しておいてください。

その上で仮に義実家で意地悪をされたとしましょう。そのとき3つの選択肢が貴女にはあります。

## メス力 義実家で意地悪されたときのメス力

❶ 解散した後に「なんかね……義親さんにメリ子さんは家事がしっかりできてないんじゃないかって怒られちゃってね……私そんなにダメな奥さんかな？」と涙をぽたりとこぼす（庇護欲刺激）

❷ 夫がいない瞬間にイヤミを言われたら天然のフリをして「ヨシオ君、今義親さんに家事が下手って言われたけど、ヨシオ君もそう思ってた？」とその場で聞く（いい顔したい義親大慌て、ヨシオ「そんなことないけど!? 何言っているの？」と驚く）

❸ 「気をつけます～」「お義母様お片付けお上手でさすがです」と聞き流す

年配の方とのお付き合い、なにげに❸が重要だと感じます。年を重ねるとなんでも思ったことを口に出してしまうようになる方が本当に多い！　これは義親に限ったことではありません。

私の話で恐縮なのですが、子どもが小さいとき外出先で会った見知らぬご老人から「あら、ひとりっ子なの？　ダメよちゃんともう一人産みなさいよ」など本当によく言われたものです。しかも夫が不在の瞬間を狙って〈一緒にいるのは知っている〉。これ、令和の東京の話ですよw。私もおしゃべりなのでそのままお話ししていると「息子夫婦が孫に会わせてくれなくてね〜」と始まり、「赤の他人の私にあの距離感だもんな、そりゃそうだろうな」などと思ったものです。

自分より若い世代、そして息子世代となると老婆心からあれこれ言いたくなってしまったり、お嫁さんのことも身内感覚になって余計なひとことを言ってしまったり〈実の親子でもあるある〉、または本当に意地悪で言ってしまったりw、**「あ、このひとことと黙っておこう」が難しくなるようです。**

**ある意味、お年寄りはそういうものと割り切ることも必要。**

そして往々にして息子という大切な存在を取られてしまって「わかっちゃいるけど悲しい」と思う義親もいるものです。**「確かに、推しの結婚はめでたいけど、寂しい！　あの気持ちか〜」と受け止め流すことも、こちらの精神衛生上、大切なのですよね。**

それほどSNSを眺めていると些細なことに「ムカつく！」とピリピリしてしまう方も増えているように感じてしまうのです。

## 義実家との交流は夫主体にしてもらうこと

**義実家とのやり取りは夫にしてもらいましょう。**明るく「うちの両親への連絡もヨシオ君に頼まないでしょ～w。それに失礼があったら嫌だし。私、たまに天然で変なこと言っちゃうし」と今からでも伝えておきましょう。

ＬＩＮＥを交換しているならグループＬＩＮＥにして夫に返信してもらい、基本はスタンプなどのリアクション。「ヨシオ君。お義父さんからＬＩＮＥ来てるよ～。返信しておいてね」と任せてしまいましょう。

**本当は交換しないのが一番です。息子は返信が遅く、嫁に連絡事項をＬＩＮＥしてくるものですから**（そして息子に言えないことはお嫁さんに言ってくる）。

自分の両親じゃないのでこちらも言いたいことを言えずに気を遣って、疲弊してしまうのですよね。これが積み重なると「なんか義実家、苦手！」となってしまいます。

**いかに距離感を保って、「苦手」や「嫌い」にならないかが重要。何せ一生のお付き合いをする方々です。敬意を保つには距離感を保つことが必要なのです。**

夫の家族から個人ＬＩＮＥが来た場合、「なんて返信したらいいかな？」と必ず夫に確認し「夫さんとも話したのですが～」と付け加えて返信をしましょう（「あ、息子も見ているのね」と思われることが大切です）。

## 敬意をもって夫の家族と接する

これまでお伝えしたメス力は、夫の家族がちょっぴり苦手という方向けです。

義家族とはいえ当たり前に色々な方がいます。実親より尊敬できる義親に巡り会えることも、価値観はちょっぴり古いけれど愛情深い義家族も当然存在します。

生きてきた時代が違うから、価値観も違って当たり前なのです。

「夫を育ててくださった人」という気持ちを忘れずに敬意を持ってお付き合いすることは大切です。年配の方の歩んできた人生に想いを馳せて、今の価値観では共感できなくとも理解しようという気持ちを持つことも……。

それに男性はそういう妻のことをありがたく思うものだからです（日頃の関係がうまくいっている前提、まずはメス力を実践しましょう！）。

連絡の主体は夫に任せておきつつ、次のことは貴女がやってください。

❶ 母の日、父の日ギフトを夫名義で発送する（もちろん好物を）
❷ 義家族の誕生日には（予算内で）お祝いをする
❸ 義家族の好物を見つけたら購入し夫から渡してもらう
❹ 義家族が困っていることがあれば、夫をすぐに手助けに行かせる（契約周りなど お年寄りを狙った落とし穴があったりします。目を光らせましょう）

世の中にはなぜか嫁からのプレゼントにケチをつける人もいるので、夫からってことにしてしまいましょう。夫の顔も立てられます。あくまで予算内にしてくださいね。ムリする必要はありません。

「うちの義親、夫の兄の子どもばっかり可愛がって孫差別するし、そんなことしたくない」「うちは孫に興味ない義親だよ。お祝いも最低限！　だからお祝いしたくない」という方もいると思います。**義実家に見返りは求めなくていいのです**。夫の家族を大切にする気持ちの表れとして、ひとつの礼儀としてお渡ししたらいいのです。**夫が「気が利いて助かるよ」と思ってくれたならもう十分見返りですから。**

## 夫が家族と不仲な場合

男性は自分の家族が大切とお伝えしましたが、中には修復不可能な確執を抱えているケースもあります。根掘り葉掘り原因を聞き出して、修復させようなんて余計なことをしないでください。夫の心の傷をほじくり返さないようにしましょう。

貴女が見るべきは自分の家族、夫婦関係です。

まとめ

結婚とは二人だけで完結する世界ではない。
だからこそ、夫に主軸になってもらって妻は距離感を保つこと！
それが敬意を持ち続けるための秘訣。

## 男同士も意外と共鳴し合う⁉ 家族ぐるみのお付き合いこそ、油断禁物！

結婚すると自然と、家族ぐるみでのお付き合いが増えてきます。子どもの年齢が近い家族同士で遊んだ方が、大人も子どもたちも楽しめるもの。

でもここにも思わぬ落とし穴があることを知っておかなくてはイケマセン。これからメス力を実践して夫婦の絆を強化したいのであれば、男尊女卑（女性軽視）や、露骨に夫婦不仲なご家庭とはあまり深く交流しないようにする工夫も必要なのです！

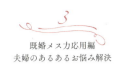

夫心理 **そうだよな？ 男って普通はこうだよな（感化される）**

男性陣が男尊女卑で、集まりでも1ミリも動かず、子どもも見ず、男性だけで飲み女性軽視発言をするタイプだった場合、悲しいかな貴女がメス力を実践してコツコツと積み上げている絆がチャラにされる可能性があります（バチっと絆斬られるで！）。

貴女の夫がすでに妻を楽させたいマインド全開の場合、夫はその男性陣に感化されずテキパキと体が動いてしまうので心配は不要です（それに周りの男性が釣られることもありますw）。帰宅してから「なんかみんな、大丈夫かな？　奥さんに捨てられん？」と心配の言葉すら口にすることでしょう。

貴女の夫がまだそこまでの段階ではない場合、雰囲気に流されて女性軽視な態度をとってしまう可能性があるのです。

**男性も案外流されやすい！　これは本当に妻として知っておくべきこと！**

この手のタイプの集まりには参加しないのがベスト。短時間で切り上げるように仕向けたり、車で行って飲酒させないように仕向けたり、そっと疎遠を目論みましょう。

貴女の友人の夫が男尊女卑の場合、夫を交えずに会えばいいのです。

**逆に夫婦円満（愛妻家、子煩悩）のご家庭とはどんどんお付き合いをした方がいいです。男性は愛妻家マインドにも感化されます。**「うわ……言い合い始めちゃったよ……」と余計な心配をせずのびのびお付き合いができてお互いに楽です（嫉妬もしないしな）。**それに愛され奥様たちのふるまいはチャーミングで学びにもなります。**

円満家庭と遊んだあとは「楽しかったね」「ヨシオ君○○してくれてあのとき助か

ったよ」と伝え、**ポジティブな印象を刷り込みましょう。**ただし、よその家庭の夫を褒めるのは御法度ですよ！　褒める異性は夫だけ♥

まとめ

男同士は案外感化しあう！
夫婦円満の害になりそうな方とはそっと疎遠にすべし！

## 夫婦のスケジュールは共有して、家庭に夫を巻き込め！

未婚メス力ではスケジュールの共有は御法度です！　プロポーズもしてこない男性に、自分のスケジュールを共有し、自らの首に鈴をつける必要はありません（毎日、これしてます！　貴方だけ見つめてます！）。でも夫婦になったら話は別。家庭を運営していく中で「え〜と、工事の日程ですよね……夫にも立ち会ってほしいから」なんてことも多々ありますし、子どもの送迎などとにかく協力し合って家庭を運営していく上でスケジュールの共有はマスト！

そして夫に抵抗なく共有してもらうことがポイントです。

**夫心理**
束縛目的じゃないよね（恐怖）。なら大丈夫！

妻が日頃から「いつどこで、誰と何をしているのか」と監視や束縛をしている場合、夫は共有を渋ることでしょう（そりゃそうだ）。貴女に今必要なのは共有よりも、リスペクトとラブのメス力です。まずは夫婦関係の絆をしっかりと結び直しましょう。

その辺はクリアできそうなら、**なかなかお互いのスケジュールが合わなくて何度もLINEをやり取りした後で「お互いのスケジュール、共有しない？」と申し出てください。**仕事中にLINEの即レスできず、なかなか予定が決められなくてお互い疲れたなんてタイミングがバッチリ。「大変だから共有しよ！」とへとへと顔で言いましょう。

実際グーグルカレンダーなどでスケジュールを共有している夫婦は多いです。子どもの習いごとや通院などの予定、飲み会や外出の予定などお互いに入れておきましょう。

予定が入りそうなときにスケジュールを見ながら「この日しかメリ丸の病院取れなくて、あそこ先生人気で予約難しいんだよね。貴方この日行けない？　私仕事がギリギリになりそうで」「工事の日程決めなきゃなんだけど、スケジュール空いてる日に入れても大丈夫？　立ち会ってほしくて」とどんどん家庭のことに巻き込んでいきましょう（こうして育児にも自然と取り組ませるのや！）。

**スケジュールが可視化することで、夫自身で飲み会や自分の予定を入れるタイミングをちゃんと考えてくれるようになります。**

そしてスケジュールをすり合わせて決めたあとは「ありがとう♥」の決めゼリフもお忘れなく……！

まとめ

スケジュール共有と「ありがとう」で家庭の用事に夫を巻き込むべし！

既婚メス力 格言

9

夫の笑いのツボが
マジでわからない
けど笑わせたいってその気持ちに
応えてはあげたい
「ねぇスベってるよw」って

## シングルマザーの再婚で気をつけるべきこと

時代の変化によってシングルマザーの方の再婚も増えているように感じます。実際、私のところにもたくさんのご相談が寄せられます。やるべきメス力は他の既婚の方と同じなのですが、より気をつけるべきことをお伝えしていきますね。

### これから再婚を考えている方、彼は本当にど本命ですか？

もし本書を再婚前に手にしてくださった方がいらしたらハッキリとお伝えしたい。

その彼はまごうことなき『ど本命』ですか？　万が一貴女に何か起きたとしても、貴女の代わりに子どもを大切にしてくれると言い切れるくらいの人でしょうか？

言い切れないのであればその結婚は危険です。貴女は妻として雑に扱われ、子どもはそれを見て育ち地獄のような思いをします。子どものことも貴女以下の扱いをする可能性が高いのです。

貴女にとって大好きな人でも、経済的安定をもたらせてくれる人でも、子どもから見れば赤の他人のおじさんということを忘れてはイケマセン。居心地の悪い思いをさせないために、再婚相手に関しては徹底的に吟味してください。

## 夫心理 赤の他人の子どもを育てる覚悟、理解してくれてる？

何度もお伝えしていますが、男性にとって結婚とは覚悟です。相手の女性に子どもがいるとすればその覚悟はことさら大きいモノ！

この点と男性心理をしっかり理解していないと、結婚生活がうまくいきません。今からお伝えする点に注意してください。

## メス力 子連れ再婚で大切な6つのメス力

### ❶ 子どものことを一番大切にすること

子どもに「ほら、もっとあの人の気に入られるようにしなさい」と仕向けたり子どもに「僕（私）の存在って重荷なのかな？」と卑屈に感じさせるようなことをしない。夫にも「私は母親だから子どもが一番だよ」「色々と経験させてしまったから大切にしたい」と言葉を伝えること

❷

**「貴方のおかげ」を日々伝えること**

覚悟を決めて自分と結婚してくれた夫の気持ちを理解すること。男性にとって赤の他人の男の子どもを時間とお金をかけて育てているとはよほどのこと！「もう貴方もあの子の父親なんだから」「夫なんだから〜してくれて当然」なんてそぶりを見せると、あっという間に崩壊します。「あの子とゆっくり向き合えるのは貴方のおかげ♥」「貴方と結婚できて幸せ♥」と貴方のおかげでを日々口にすること！

❸

**二人きりの瞬間はメロメロモードを見せること**

子持ち女性と結婚した男性は「俺って体のいいATM代わりかな？」と不安に思うことも……。メス力のラブを実践した上で、二人きりの瞬間は甘えん坊になったり、母親ではなく女性としての一面も見せること（遠慮なく楽しんでください）

❹

**メロメロモードは子どもの前では封印すべし**

メス力のラブはお茶目で可愛らしく夫だけでなく家庭に笑いを与えます。でも母親のメロメロモード〈女の艶っぽい顔〉を見たいと思う子どもはいません。封印してメリハリをつけてください。

**5 卑屈にならないこと！**

「貴方のおかげで幸せよ♥」と伝えるときの注意点、「貴方のおかげです……〈こんな私たちを拾ってくれてありがとう〉」という卑屈な空気を出さないこと！

貴女が卑屈になると、子どもはそれを見て惨めな気持ちになります。そして男性は卑屈な女性を徐々に雑に扱ってしまう傾向があります。堂々とお茶目に胸を張って「幸せよ♥」と伝えてくださいね！　それが子どもの幸せにも繋がります。

**6 前の結婚での失敗をいかすこと**

カッとなってしまいやすい、感謝を忘れて文句を言ってしまいやすい、卑屈になって男性をイライラさせてしまう、甘え下手ですべて背負った結果冷めてしまう……。

何が原因で離婚するかは人それぞれですが、誰しも必ず弱点を持っています。

貴女の弱点はどこにありますか？　元夫とうまくいかなくなった原因を「全部

あの男のせいよ」と決めつけないで、分析してください。そこに今回の結婚をうまくいかせる秘訣が眠っているはずです。

夫と子どもで板挟みになって大変な思いをすることもあるかもしれません。でも幸せになるチャンスに恵まれたのですから、母親としての顔と女としての顔をしっかり使い分けてその幸せを守り抜いてくださいね！

まとめ

夫の覚悟が大きい分、妻の覚悟も問われる。これまでの生き方を丸ごと見直して、幸せを意識的に選択すべし！

## 既婚メス力を実践しても「夫をもう愛せない」と思ったときに

ここまで読んでくださってありがとうございます。

「夫のことをもう一度信頼したい」「夫の愛を取り戻せるなら」「夫を昔みたいに愛したい」……色々な気持ちがあって、きっと本書を手に取ってくださったのだと思います。

まずは「う～ん、リスペクトもラブも今の関係ではハードル高いなぁ……」と感じたとしても、3ヶ月、1年と期間を決めて形だけでも実践してみてください。

これはメス力を習慣化して素の貴女らしさに馴染ませるのに必要な期間です。夫への「おはよ～♥」すら最初はドキドキするかもしれません。でも、徹底して実践してほしいのです。これは貴女のためにです。

夫への気持ちや関係が冷めてきていて、でもどうにかしたくて……。そんなときべストな対応を自分はした。その実績が未来の貴女を必ず助けてくれる日が来ます。

もしも夫と別れを選ぶ日が来たとしても、後悔をしないということです。

世の中には良縁があり、腐れ縁もあります。貴女と夫がどうもがいても良縁には戻れなかった。そんなことも人生の中では起きうるのです。

腐れ縁、悪縁はお互いが努力しても、どうしてかな……、お互いの悪い面ばかり引き出し合ってしまうのですよね（離婚し、お互い再婚したら別人のようにいい感じになる方々もいます）。「どんなにメス力を実践しても夫は変わらないし、私ももう限界だな……」そう感じてしまうのであれば、その縁はもう手放すべきタイミングかもしれません。


私も離婚を経験しています。それを選択するまでは本当にもがき、あらゆる形でお互いに努力し、それでもダメということを経験しました。

でも別にそこで人生終了ではありません。その瞬間は絶望し未来に希望が持てなくとも、人生ってどこでどんな出会いが訪れるかわからなくて、想像もしていなかったような未来が開けることもあるものです。


また、ＤＶ、常軌を逸するモラハラ行為、アルコール依存症、性依存症、ギャンブル依存症などは、愛の力（メス力）でどうこうできる問題ではありません。専門機関での治療が必要ですし、貴女に問題や落ち度があるワケではないのです。

彼自身の問題、本人が向き合わない限りは改善不可能。
貴女自身、子どもを守るために別れを選択した方がいいこともある。
どうか、このことを忘れないでほしいです。

再構築に成功、夫婦関係が改善、離婚、復縁。
どんな道になっても貴女のたった一度のかけがえのない人生。
当たり前に胸を張って生きていいのです！
どんな貴女でも私はずっと応援しています。

既婚メス力 格言

# 10

「推しや婚外片想いって
夫への愛情を
目減りさせるらしくて……」
ある人は再構築を目指すために
推しを封印した
並々ならぬ覚悟を感じた

# おわりに

神崎メリです。最後まで読んでいただきありがとうございます。

恋愛期間と違って、結婚すると悩みが複雑化してメス力を難しく感じてしまう方も増えると思います。でも実はシンプルです。「リスペクト」と「ラブ」でカチカチに凍った夫の心を溶かしていけばいいだけなのです。夫婦の心が温まったとき、思いやりの心を持って同じ方向を向けるようになります。そのときはじめて人生の困難をあの手この手で一緒に解決させようというタッグ、夫婦という〝最強の他人〟が生まれるのです。テクニックで夫を動かして目の前のことを解決しても、それは根本的解決にはならないのです。二人の間に信頼と愛が芽生えていなければ……。

**夫婦関係を諦めずにメス力を実践する。実はここが一番のハードルです。**恋愛期間って胸が恋心でいっぱいに満たされて「彼に愛されたい！」って思いに突き動かされて必死にメス力できちゃいますからね（わかるわ〜w）。

夫婦となり、幾度となく衝突を繰り返すと「本当にこの人でよかったのか？」「期待しては裏切られて悔しい！」と、恋心だけでは済まされない感情も胸に渦巻きます。

愛されたいけど、愛したくない。

信じたいけど、信じられない、傷つくのが怖い……。

そういう感情の狭間で葛藤しながら、本書を手に取ってくださった貴女。「夫とラブラブしましょ〜♥」なんて内容に拍子抜けしたかもしれませんが、それがなにげに一番大切なことであり、お伝えしたいことなんです。


夫婦って人生の荒波を乗り越えるためのタッグです。

お互いの病気、妊活、妊娠出産、子育て（反抗期）、親の介護、死別……。色々なことが家族という船を転覆させようとざぶんざぶんと波となって覆いかぶさってきます。そんな中で常にシリアスでピリピリしていたら、とても船員（貴女含め家族）の気が持ちません。茶目っけたっぷりに、笑い合って、笑い飛ばして。**愛で家庭を満たすことが妻の一番の役目なのです。**

そうしてときには夫を激励し「任せろ！」と舵を取らせて、貴女は後ろで「面舵いっぱーい！」と指示出しをする。そうやって二人で荒波を乗り越える。小春日和のときはみんなでほかほか日向ぼっこして。いつか子どもたちはそれぞれの船で出港し、最後は夫婦二人になる。そして貴女が先か夫が先かはわからないけれど、必ずお別れのときが来ます。あまりに人生って短く儚くて。過去に固執するにはもったいなさすぎるのです。

**目の前の夫に愛の心で向き合う。意地はもう張らない。**

そのことが貴女にできたなら、きっと人生が大きく変わっていきます。

でも本書の内容がすっ飛んでしまって「こんなときどうやってメス力やろう？」「ちゃんとメス力できているかな？ 大丈夫かな？」と不安になったら、**茶目っけ（ユーモア）が一番大切だったと思い出してください。**キリキリピリピリ生きていても意味はありません。だってすべては命と共にすぎ去っていきますから。

でも夫に笑いかける気が起きないときは、自分がニッコリご機嫌になることをしましょう。妻だって人間、完璧にメス力を実践なんて無理よ無理！ 肩の力を抜いて気楽に気長にいきましょう。

さて船員1号さん、貴女のパートナーを見てください。

頑固で意地っ張りで臆病者のその男を、頼り甲斐のある最高のタッグに変えてください。

さいね。必ずできます。リスペクトとラブでその心を溶かせば。そして舵を幸せ方向へおもいっきり切って、限りある人生、素敵な航海にしてくださいね！

最後に神崎船から無線を送ります。

「奥様、こちら神崎丸！　茶目っけお忘れなく！　どうぞ！」

神崎メリ
*Meri Kanzaki*

恋愛コラムニスト。

1980年、ドイツ人の父と日本人の母の間に生まれる。

自身の離婚・再婚・出産の経験をもとに
「男心に寄り添いながらも、媚びずに女性として凛と生きる力」を
「メス力（めすりょく）」と名付け、SNSやブログで発信したところ、
瞬く間に大人気となり、コメント欄には女性たちから共感の声が殺到。

恋愛や結婚、夫婦生活に悩む幅広い年齢層の女性たちから、
厚い信頼と支持を集めている。

おもな著書に、

『もう一度、恋させるために』（ハーパーコリンズ・ジャパン）、

『眠れない夜の恋愛処方箋』（講談社）、

『「本能」を知れば、もう振り回されない！

恋愛&婚活以前の　男のトリセツ』（マガジンハウス）、

『大好きな人の「ど本命」になるLOVEルール』（大和書房）、

『「恋愛地獄」、「婚活疲れ」とはもうサヨナラ！

“最後の恋”を“最高の結婚”にする 魔法の「メス力」』（KADOKAWA）など。

著書の累計は35万部を超える。

著者エージェント
アップルシード・エージェンシー

# 夫《おっと》を最強《さいきょう》の味方《みかた》にして妻《つま》として溺愛《できあい》され続《つづ》けて
# 永遠《えいえん》の幸《しあわ》せが現実《げんじつ》になる
# 既婚《きこん》メス力《りょく》

2025年3月30日　初版第1刷発行

著者
神崎《かんざき》メリ

発行者
三宅貴久

発行所
株式会社光文社
〒112-8011 東京都文京区音羽1-16-6
書籍編集部 03-5395-8172
書籍販売部 03-5395-8116
制作部 03-5395-8125
メール non@kobunsha.com

組版・印刷所
萩原印刷

製本所
ナショナル製本

落丁本・乱丁本は制作部へご連絡くだされば、お取り替えいたします。

ISBN978-4-334-10598-3